AF365664

Elisa B. Pasino

Parigi
al
femminile
Guida turistica

MORELLINI EDITORE

Legenda dei simboli usati in questa guida

☑	Indirizzo	🕐	Orario / Data
📞	Telefono	€	Euro
💻	Sito Internet		Costo dei biglietti

Legenda dei prezzi

Hotel		Ristoranti	
€ fino a 150 euro		€ fino a 30 euro	
€€ fino a 250 euro		€€ fino a 70 euro	
€€€ oltre 250 euro		€€€ oltre 70 euro	

ENZIMI

Viale Zara, 9
20159 Milano
www.morellinieditore.it
info@morellinieditore.it
facebook.com/morellinieditore

Immagine di copertina: Jessica Sottile
Grafica di márGo

ISBN: 978-88-6298-599-4

Data di pubblicazione: maggio 2022

Stampa: Rotomail S.p.A. - Vignate (MI)

Indice

Per accedere ai contenuti collegati a questo libro è sufficiente utilizzare il QR code in quarta di copertina e qui sotto, o inserire la URL:

bit.ly/3cAS8Uz

EXTENDED
BOOK

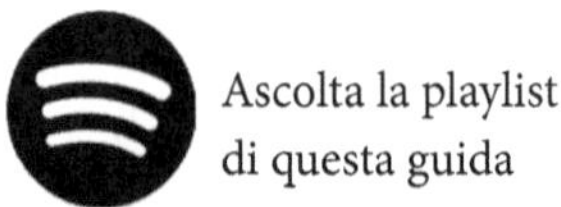

Ascolta la playlist
di questa guida

Introduzione

Parigi è stata la prima grande capitale europea che ho visitato da adolescente, in un inverno davvero gelido, tanto che la ricordo ancora ricoperta di uno strato di brina. Sono scesa dal treno e mi sono trovata in una Parigi di ghiaccio. Da allora l'ho scoperta in ogni stagione e non l'ho più abbandonata. È stata anche la prima città fuori dall'Italia in cui ho viaggiato in metropolitana e in cui mi sono mossa in un crogiolo di etnie e culture che qui da noi non ritrovo neanche adesso, sebbene siano trascorsi quasi trent'anni. Ero in una città internazionale e ben diversa dalla provincia a cui ero abituata, ma che in qualche modo mi era familiare, aveva qualcosa "di già visto". Era impossibile, infatti, non essere rimasta affascinata dalle immagini lungo la Senna riprese in qualche film o intrappolata nelle atmosfere di Montmartre o Sentier narrate in qualche libro. E così Parigi come altre città-icona – New York, Londra – dà sempre l'idea di essere stata visitata e che di lei sia già stato raccontato un po' tutto. In particolare, dopo un unico viaggio di un fine settimana, molti depennano la capitale francese dalle loro mete come un già visitato e, via, si passa ad altro. Eppure, anche se avete visto la Tour Eiffel, l'Arco di Trionfo e gli Champs-Elysées, vi assicuro che a sfogliare le pagine che verranno dopo queste troverete qualcosa di cui ancora non sapete. Lasciatevi condurre. E avrete così tanto da vedere e da esplorare che non vi basterà un solo viaggio. Parigi cambierà sotto il vostro sguardo, si svelerà nelle strade e nei luoghi meno battuti, e, a volte, è sufficiente uscire di soli pochi passi dai tragitti dei turisti che seguono sempre gli stessi itinerari per scoprire altra bellezza che neanche avevate immaginato. Oggi, poi, che i lunghi viaggi sono stati per molto tempo preclusi a causa della pandemia da Covid-19, Parigi è diventata la destinazione estera più desiderata e forse mai come in questi ultimi due anni in cui abbiamo dovuto rinunciare a tanti spostamenti ne abbiamo sentito così tanto la mancanza. Che siate in partenza o seduti in poltrona, vi auguro buon viaggio con i consigli pratici o tra itinerari che per ora sono solo un sogno.

Elisa B. Pasino,
Milano, maggio 2022

Quando andare

In questo capitolo potete trovare i grandi eventi di Parigi confermati di anno in anno. Il mio consiglio, prima di partire, è di dare sempre uno sguardo in rete per scoprire che cosa sta accadendo in città, tra mostre e proposte stagionali. Soprattutto ora, nell'era del Covid, possono essere stati modificati numerosi appuntamenti.

Un sito dal quale prendere spunto può essere quello ufficiale dell'Ente del Turismo e dei Congressi: it.parisinfo.com/eventi.

Vi consiglio anche di leggere che cosa è previsto nel mese precedente e in quello successivo rispetto a quello della vostra visita, perché alcuni eventi sono a cavallo tra la fine di uno e l'inizio dell'altro ed è utile verificarne le date appena prima di partire.

GENNAIO

Periodo di ghiaccio, di solito, nella Ville Lumière, ma si fanno interessanti gli sconti negli alberghi, soprattutto se includete un giorno del fine settimana, poiché si tratta della bassa stagione. Di certo ciò che alletta di più in questo mese sono i saldi, che proseguono anche a febbraio. Di solito le grandi mostre dell'anno precedente a gennaio sono ancora aperte e potrebbe essere l'ultima occasione per visitarle.

A cavallo tra gennaio e febbraio si svolge la fashion week e per gli appassionati può essere interessante vivere più da vicino il mondo della moda. Di certo troverete shooting in strada o modelle e influencer con abiti di tendenza.

Paris Cocktail Week – Oltre 50 cocktail bar a fine gennaio partecipano alla Paris Cocktail Week (www.pariscocktailweek.fr) creando drink per l'occasione e proponendo lezioni e seminari con bartender famosi. Chi si iscrive può usufruire di sconti sui cocktail.

Capodanno lunare – A fine gennaio o a inizio febbraio si festeggia il Capodanno lunare, che comunemente chiamiamo "cinese" poiché è celebrato in particolare dalla comunità cinese e da quelle di origine asiatica. La Chinatown di Parigi si trova nel 13° arrondissement in cui si svolgono le sfilate dei dragoni. Altre zone della città in cui si festeggia sono Le Marais e Belleville.

FEBBRAIO

A febbraio potrebbero esserci un prolungamento dei saldi nei negozi, la fashion week e il Capodanno lunare (vedi mese precedente).

Una delle mete più gettonate per San Valentino è proprio Parigi, conosciuta e apprezzata come una delle città più romantiche del mondo. Lungo tutto il mese Parigi offre alle coppie numerose proposte, tra mostre dedicate, concerti, saloni e spettacoli.

Carnevale – Durante il mese di febbraio di solito è anche tempo di Carnevale e l'appuntamento è in place Gambetta.

L'ultima domenica di marzo entra in vigore l'ora legale, le giornate si allungano e, anche se fa ancora freddino, si sente nell'aria profumo di primavera. Se amate i boccioli in fiore, questo è il momento migliore per passeggiare nei parchi e iniziare a godere dell'aria aperta.

Festival Banlieues Blueues – La grande kermesse che raduna grandi nomi di jazz, R&B e blues si svolge a marzo e si prolunga fino all'inizio del mese di aprile. Il nome deriva dalla sua location: si svolge, infatti, nei sobborghi parigini a nord della città. 💻 www.banlieuesbleues.org.

Le Printemps du Cinéma – Tre giornate, tra metà e fine marzo, in cui è possibile assistere alla visione di film in alcuni cinema di Parigi al costo di 4 €. 💻 Fb: @printempsducine.

Livre Paris – Il Salon du Livre de Paris si svolge per quattro giorni nella seconda metà del mese di marzo a Porte de Versailles, Paris Expo. Gli amanti della lettura troveranno pane per i loro denti in questa fiera importantissima tra autori e editori. 💻 www.livreparis.com.

Sport – In attesa della Maratona di Parigi che si svolge ad aprile, a marzo ci si prepara con la gara podistica Harmonie Mutuelle Semi de Paris su un tragitto di 21,1 km (💻 www.harmoniemutuellesemideparis.com/fr) e con la Verticale della Tour Eiffel, che consiste nel salire i 1.665 gradini il più velocemente possibile (💻 www.verticaletoureiffel.fr). Tra fine marzo e metà aprile si corre anche la Color Run Paris, dall'Hôtel de Ville al Trocadéro (💻 thecolorrun.fr).

Finalmente il clima diventa più mite e quelli che a marzo erano boccioli adesso sono alberi in fiore. Magnolie, ciliegi e castagni. E anche i dehors si affollano. Ad aprile è tempo delle festività pasquali e la Ville Lumière è un'ottima meta per tre o quattro giorni di visita, anche per partecipare alle cerimonie nelle chiese cattoliche della città. Cercate dove organizzano le cacce all'uovo, che piacciono molto ai bambini.

Se amate i cavalli, ad aprile si organizzano le domeniche al galoppo, Dimanches au Galop negli ippodromi di Auteuil e di Saint-Cloud (🖥 www.evenements.france-galop.com/fr/dimanchesaugalop).

Festival 100% – In un fine settimana tra la fine marzo e l'inizio di aprile a Parigi si organizza Festival 100%, una rassegna multidisciplinare che mescola danza, teatro, arte circense, musica e arte contemporanea. Si svolge a La Villette. 🖥 lavillette.com.

Foire du Trône – Tra gli ultimi giorni di marzo e inizio aprile nella pelouse de Reuilly del Bois de Vincennes si allestisce Foire du Trône, un parco divertimenti che resta aperto al pubblico fino a fine maggio o inizio giugno. Quella del 2022 è la 1.064esima edizione. Si tratta di una tradizione antichissima che è fatta risalire al 957 d.C., 🖥 www.foiredutrone.com.

Se avete organizzato il viaggio a Parigi per il ponte del 1° maggio, verificate i vostri itinerari perché alcuni siti sono chiusi per la Festa dei lavoratori. Se vi piace l'opera, date un'occhiata all'offerta **Tous à l'opéra** a inizio mese: gli spettacoli sono gratuiti per un weekend nei teatri che aderiscono all'iniziativa. 🖥 www.tous-a-lopera.fr.

Festa del mughetto – Il 1° maggio in Francia è conosciuto anche come Festa del mughetto e le sue origini risalgono al 1561 quando Carlo IX, avendo ricevuto un mazzolino di mughetti come portafortuna, decise di offrirne uno a ogni dama di corte. Nei primi del Novecento gli stilisti iniziarono a regalare un mazzolino di mughetti a tutte le loro sarte e operaie. E nel 1976 si cominciò ad associare la Festa del mughetto a quella del 1° maggio. Il mughetto simboleggia il ritorno alla felicità ed è il benvenuto alla primavera.

La Nuit Européenne des Musées – È un evento culturale che si svolge un sabato a metà maggio: per questa occasione i musei di Parigi restano aperti fino a tardi, con ingresso libero (in quasi in tutti). 🖥 nuitdesmusees.culture.gouv.fr.

Festival Jazz à Saint-Germain-des-Prés – Gli appassionati del jazz non possono perdere questo appuntamento musicale e quello di giugno. Un ricco programma che va in scena dal 2001, di solito nella seconda metà di maggio. 🖥 festivaljazzsaintgermainparis.com/home.

Portes Ouvertes des Ateliers d'Artistes de Belleville – Da venerdì a lunedì a metà/fine maggio: un weekend lungo da trascorrere curiosando negli atelier di oltre 200 artigiani e artisti di Belleville, 🖥 ateliers-artistes-belleville.fr/en/les-portes-ouvertes/edition.

Les Internationaux de France, Grande Slam – L'Open di Francia di tennis, più conosciuto come Roland Garros, è il secondo dei tornei del Grande Slam in ordine cronologico, poiché si svolge tra la metà di maggio e l'inizio di giugno nella capitale francese, allo Stade Roland Garros, nel Bois de Boulogne, 🖥 www.roland-garros.com/fr-fr.

A Parigi iniziano le notti bianche. Sì, perché le giornate più lunghe sono proprio adesso e a inizio luglio, quando l'ultimo chiarore della luce solare si estende fino alle 23 circa. Insomma, una città da vivere all'aperto! Da giugno a settembre, se vi piace l'opera, cercate quello che fa per voi nel calendario di **Opéra en plein air**. 🖥 operaenpleinair.com.

Paris Jazz Festival – Si svolge a giugno al Parc Floral all'esplanade su Château de Vicennes, 12°, dal 1994. I concerti sono ogni sabato e domenica pomeriggio dalla metà di giugno e per tutto il mese di luglio. Anche per Festivals du Parc Floral date uno sguardo al ricco programma sul sito ufficiale 🖥 festivalsduparcfloral.paris.

Paris Beer Week – A Parigi si produce molta birra artigianale, lo sapevate? Per assaggiarla – perfetta nelle prime giornate calde – si può partecipare alla Paris Beer Week, che dura dieci giorni. Le sedi coinvolte sono bar, pub, negozi specializzati, birrifici, 🖥 parisbeerweek.fr.

Fête de la Musique – L'arrivo del solstizio d'estate è festeggiato con la Fête de la Musique il 21 giugno. Oltre ai concerti improvvisati, di solito se ne organizzano anche alcuni estemporanei in giro per la città, gratuiti e in luoghi iconici. Musica classica, reggae, jazz, 🖥 fetedelamusique.culturecommunication.gouv.fr.

Goutte d'Or en Fête – Proseguono gli appuntamenti tra fine giugno e inizio luglio dedicati alla buona musica. Questa volta si rende omaggio a world music, raï, reggae e rap, in tre giornate in square Léon, quartiere Goutte d'Or, 18°. 🖥 gouttedorenfete.wordpress.com.

Marche des Fiertés LGBT – In tutto il mondo la parata dei diritti uguali per tutti è conosciuta come Gay Pride. A Parigi si svolge a fine giugno da place 18 Juin 1940 a Montparnasse, lungo Les Jardins du Luxembourg e fino a place Saint-Michel. Poi prosegue e passa in place du Châtelet e termina in place de la République dove si trova il grande palco per i concerti della sera. Controllate data e programma del percorso 🖥 www.inter-lgbt.org e 🖥 www.gaypride.fr.

I parigini amano questo periodo dell'anno perché finalmente si inaugura la spiaggia del lungosenna, tra ombrelloni e sedie a sdraio. Da non dimenticare che siamo in periodo di saldi estivi per quattro settimane circa. Ma il momento più importante per tutti i francesi è il 14 luglio. Sono interessanti a metà mese L'été Paris La Défense e L'été du Canal, che si svolge lungo l'Ourcq da inizio luglio a fine agosto.

14 luglio, presa della Bastiglia – Festa nazionale e grande appuntamento estivo quello del 14 luglio in tutta la Francia. A Parigi la giornata comincia con la parata militare sugli Champs-Élysées fino a place de la Concorde. Lo show prosegue anche in cielo tra elicotteri e uno spettacolo di aerei in sorvolo. In numerose caserme della città si svolgono i balli dei vigili del fuoco. La serata è dedicata ai maestosi feux d'artifice nel cielo su Champ de Mars e che illuminano la Tour Eiffel.

Paris Plages – Da luglio a settembre il lungosenna diventa una località balneare. Le zone attrezzate sono il Parc Rives de Seine e il Bassin de la Villette con le piscine nel canale. L'accesso è gratuito.

Tour de France – La corsa ciclistica di 3.500 km termina a Parigi, alla 21esima tappa. La volata è lungo gli Champs-Élysées durante la terza o la quarta domenica del mese di luglio, 🖥 www.letour.com.

La città da vivere svuotata dai parigini, ecco com'è la capitale francese nel mese di agosto. Attenzione perché numerosi negozi e locali sono chiusi per ferie, ma potete godere dei parchi e giardini e andare in bicicletta senza traffico. Intorno al 10 agosto, la notte di San Lorenzo e delle stelle cadenti, si organizza la Nuit des étoiles in cui sono proposti osservazione del cielo, avvicinamento all'astronomia, laboratori.

Rock en Seine – Se amate la musica rock, questo è l'appuntamento da non perdere al Domaine National de Saint-Cloud, in un fine settimana di fine agosto, 🖥 www.rockenseine.com.

Le temperature sono ideali per una visita perché il caldo eccessivo ha lasciato la città, che è tornata ad animarsi con la riapertura delle scuole. Di solito questo è il periodo in cui prende il via tutta l'offerta culturale del nuovo anno.

Journées Européennes du Patrimoine – Parigi da oltre trent'anni apre le porte – di solito chiuse – di ministeri e ambasciate a tutti e gratuitamente. Dal Palais de l'Élysée al Musée d'Orsay all'Arc de Triomphe, ma anche la Filarmonica, la Fondazione Louis Vuitton e la Cité de la Mode et du Design. È l'occasione per scoprire quella Parigi che di solito non si può visitare. Si organizza il terzo weekend di settembre, 🖥 journeesdupatrimoine.culture.gouv.fr.

Festival d'Automne – Da metà settembre a fine anno o ai primi giorni di gennaio si svolge il festival più eclettico e completo, come offerta, della città: musica, danza, pittura, teatro e cinema, 🖥 www.festival-automne.com.

Jazz à La Villette – Due settimane di jazz nel Parc de la Villette alla Cité de la Musique e nei dintorni. L'appuntamento musicale prosegue per due settimane da fine agosto a metà settembre, 💻 www.jazzalavillette.com.

Techno Parade – Se apprezzate la musica techno, il vostro appuntamento è per un sabato di metà mese quando dj e musicisti si danno appuntamento in vari luoghi della città, 💻 www.technoparade.fr.

Se siete a Parigi a ottobre scegliete nel vostro itinerario di passeggiare il più possibile nei parchi in pieno foliage. A parte qualche giornata di pioggia, di solito il cielo è limpido e le giornate fresche. Attenzione: l'ultima domenica del mese torna in vigore l'ora solare e le giornate si accorciano.

Nuit Blanche – È l'evento più atteso di ottobre e si svolge il primo weekend del mese, dal tramonto del sabato all'alba della domenica. Sono aperti i musei, così come i locali, e sono numerosi gli artisti che vestono a festa i monumenti celebri della città, tra giochi di luci e di suoni.

FIAC, Foire Internationale d'Art Contemporain – Quattro giorni a metà ottobre. È la prestigiosa fiera parigina dell'arte mondiale che si svolge al Grand Palais. In contemporanea con questo evento, a Parigi si organizzano dei "fuorisalone". 💻 www.fiac.com.

Fête des Vendanges de Montmartre – Dipende dalla stagione e dal clima, ma di solito la vendemmia della preziosa piccola vigna di Montmartre è il secondo fine settimana del mese e inaugura cinque giorni di grandi festeggiamenti, tra parate in maschera, eventi enogastronomici e concerti, 💻 www.fetedesvendangesdemontmartre.com.

Salon du Chocolat – Le più golose non vorranno perdere l'appuntamento che racchiude laboratori, masterclass, mostre e degustazioni a Paris Expo, Porte de Versailles. Cinque giorni tra fine ottobre e i primi giorni di novembre. Interessante anche per le attività dedicate ai bambini. 💻 www.salonduchocolat.fr.

Se l'inizio del mese è ancora una via di mezzo, tra l'ultimo foliage e le prime intense piogge, subito dopo la città inizia ad addobbarsi per Natale. E per non patire il freddo ci si rifugia nei locali, nei cinema e nei teatri. Potrebbe essere di vostro interesse il Salon de la Photo di inizio/metà mese a Paris Expo a Porte de Versailles. Qualche giorno dopo, di solito, si tiene anche Paris Photo, la più grande fiera della fotografia del mondo, sotto le vetrate del Grand Palais.

Illuminations de Noël – Da metà novembre a inizio gennaio le vie dello shopping di Parigi si illuminano e le vetrine dei grandi magazzini diventano dei capolavori, in particolare Galeries Lafayette, Le Printemps e Le Samaritaine. Tra le strade da non perdere: Champs-Élysées, rue du Faubourg Saint-Honoré, av Montaigne. È anche il periodo dei mercatini di Natale (vedere il box a pagina 20).

Beaujolais Nouveau – Chi si intende di vino sa che c'è una data precisa per la messa in commercio del vino novello, che in Francia è il Beaujolais Nouveau. Si tratta della mezzanotte del terzo giovedì di novembre (quindi la notte tra mercoledì e giovedì). Il novello di sei settimane è in vendita già da quella notte in alcuni bars à vin e si festeggia per tutto il giovedì.

Parigi è in festa, si corre ad acquistare l'ultimo regalo, si pensa a che cosa inserire nei menù di Capodanno. La Ville Lumiére è più luminosa e le vetrine dei negozi sono strabilianti. Sono aperte anche le piste di pattinaggio sul ghiaccio, come quella storica di fronte all'Hôtel de Ville. Notre-Dame è sempre stata il punto di ritrovo per la messa di mezzanotte. In attesa che sia riaperta al pubblico dopo i lavori di restauro, potete celebrare questo momento in una delle altre belle chiese della capitale francese.

Musée des Arts Forains – Musée des Arts Forains, www.arts-forains.com, è un vero gioiello tornato fruibile solo da una decina d'anni ed esclusivamente nel periodo natalizio. Potete trovarlo aperto da fine dicembre ai primi giorni di gennaio (o su appuntamento inviando una mail a infos@pavillons-de-bercy.com) ed è dedicato alle giostre e alle arti circensi vintage. Da non perdere.

Capodanno – Se desiderate festeggiare la sera dell'ultimo dell'anno in qualche locale, prenotate con largo anticipo. Quasi tutti i ristoranti propongono un menù fisso che già da ottobre trovate online. Il pranzo del primo gennaio invece potreste avere qualche difficoltà a trovare i ristoranti aperti, magari cercate in anticipo per prenotare. Oppure – se avete fatto le ore piccole – dormite a lungo e optate per una colazione abbondante o una merenda nel pomeriggio! Per festeggiare l'arrivo del nuovo anno ci sono alcuni luoghi strategici, come boulevard Saint-Michel, place de la Bastille, la Tour Eiffel, Champs-Élysées.

I MERCATINI DI NATALE A PARIGI

Originari della Germania e dell'Alsazia, dagli anni Novanta i mercatini di Natale sono considerati una parte essenziale delle festività di fine anno anche dai parigini. Trovate mercatini natalizi un po' in tutte le zone della città, da Les Halles a Notre-Dame e Les Tuileries, così come il Christmas Village a La Défense. Per vivere l'atmosfera di festa, andate a dare un'occhiata ai piccoli oggetti che potete regalare il giorno di Natale o alle leccornie più tipiche di questo periodo.

Vi do qui di seguito qualche indicazione, ma in questa fase post Covid vi consiglio di guardare online per le ultime notizie:

* Saint Germain-des-Prés Christmas Market da metà dicembre a inizio gennaio.
* The Christmas Pavilion solo nelle domeniche pre natalizie a Le Pavillon des Canaux (☑ 39 Quai de la Loire).
* Christmas Market alla Cité Fertile nell'ultimo weekend di novembre e fino a metà dicembre sempre nel fine settimana (☑ 14 Avenue Edouard-Vaillant, Pantin).
* Idées Japon: The Japanese Christmas Market alla Maison Wa per tutto il mese di dicembre fino a prima di Natale (☑ 8 bis Rue Villedo).
* La Grande Vente de Noël nel weekend prima di Natale al Parc Floral de Paris (☑ Route de la Pyramide).

⁑ St Laz'Market (☑ stazione dei treni di Saint-Lazare).

⁑ Les Féeries d'Auteuil a Les apprentis d'Auteuil (☑ 40 Rue Jean-de-la-Fontaine).

⁑ Il mercatino di Natale all'Hôtel de Ville.

⁑ Abbesses Christmas Market in ☑ Place des Abbesses.

⁑ La Magie de Noël aux Tuileries (☑ Jardin des Tuileries in Place de la Concorde).

⁑ Christmas Village La Défense Esplanade (☑ Parvis de la Défense).

⁑ Il mercatino di Natale al Forum des Halles (☑ 101 Porte Berger).

⁑ Tour Eiffel Christmas Market (☑ Quai Branly).

⁑ Vincennes Christmas Market (☑ 94 Place de l'Hôtel de ville de Vincennes).

⁑ Notre-Dame Christams Market (☑ Square René Viviani e 2 Rue du Fouarre).

⁑ Il mercatino di Natale in stile alsaziano alla Gare de l'Est (☑ Place du 11 Novembre 1918).

⁑ Arts and Crafts Around the World (☑ Avenue du Général-Leclerc).

⁑ Il mercatino di Natale Afro a Le Hasard Ludique (☑ 128 Avenue de Saint-Ouen) dove si trova anche il mercato natalizio per vegetariani, Marché de Noël Éthique & Solidaire a Les Canaux (☑ 6 Quai de la Seine).

Una valigia *à la mode*

Siamo viaggiatrici, abbiamo le app del meteo sempre sottomano sullo smartphone. Siamo delle pianificatrici e non sbagliamo un colpo quando dobbiamo preparare la valigia, soprattutto dopo aver letto *Prête-à-Partir. Tutti i consigli per la viaggiatrice perfetta* (Morellini Editore). Sappiamo anche che nelle mezze stagioni vestirci a strati è la cosa migliore. Perché anche in una giornata di caldo autunnale, il cielo di Parigi, così a nord rispetto a come siamo abituate, può rannuvolarsi e la pioggia può scendere incessante, così come può salire la nebbia e inzupparci subito gli abiti. E in primavera l'aria fresca e frizzante può trasformarsi in un vento che porta in fretta il mal di gola, per cui un foulard legato al collo è la soluzione migliore: possiamo sempre aprirlo sulle spalle o – nel caso in cui facesse caldo – annodarlo al manico della borsa. E questo consiglio è valido anche d'estate, quando si entra nei locali in cui c'è l'aria condizionata: un foulard in seta o una pashmina leggera ci salvano sempre. D'inverno invece non c'è "cipolla" che tenga: dobbiamo prepararci a una valigia con abbigliamento davvero pesante e scarpe comode ma che tengano l'aria, l'acqua e il freddo. Un paio di sneakers foderate con cui siamo abituate a percorrere decine di chilometri non sono una buona idea: non saranno sufficienti per tenere i piedi all'asciutto e al caldo.

Ma come mi vesto a Parigi? Per quanto oggi siano di moda gli orrendi (comodi, ma pur sempre orrendi) sandali che conosciamo come "alla tedesca", possiamo provare a unire la comodità, o quello che più si avvicina a essa, a un tratto che ci distingua pur facendoci sentire noi stesse, così ci ricorderemo sempre graziose nelle foto che scatteremo dei giorni parigini. Che cosa significa? Vestirsi comode ma con un twist, e aggiungo che avere le dita fuori dalle scarpe in una città che non ovunque è pulitissima può essere anche poco igienico.

Ciò che consiglio sempre nei miei libri di viaggio è di conservare una parte di guardaroba ormai un po' vecchio, un po' passato e che non useremmo più per un'uscita con le amiche o per andare al lavoro, ma che se abbinato in stile easy ci risolve un abbigliamento, insieme magari a quel paio di jeans che non ci stringono la pancia e che non toccano terra, perché non vogliamo pulire tutte le strade della capitale di Francia.

Pensate a cosa inserire in valigia puntando su uno o due colori con cui abbinare e mixare tutto il resto, così sarà facile sia vestirsi al mattino, sia modificare al volo se dovesse fare più o meno caldo, perché non avrete abbinamenti obbligati da fare. Ricordate che le parigine sembra sempre si siano vestite mettendo addosso la prima cosa che trovano nell'armadio, con i loro trench, le tee bianche in cotone, il jeans appena sotto alla caviglia e le scarpe piatte. Ma la ricercatezza sta nel dettaglio e nel non perdere ore di fronte alla valigia, perché avrete già pensato a tutti gli abbinamenti facili, con uno o due colori base, da casa.

Parigi, con New York, Milano e Londra, è una delle città ai vertici della moda e ogni anno ospita la fashion week e la haute couture. La città risente ancora dell'impronta lasciata dai grandi della moda, da Coco Chanel a Pierre Balmain, Yves Saint Laurent, Christian Dior.

Parigi è una metropoli e per poterla visitare senza piangere amare lacrime sui vostri piedi doloranti sarà necessario mettere in valigia innanzitutto scarpe comode (e graziose) e adatte alla stagione in cui pensate di organizzare la vostra visita. Qualcosa che può risolvere il vostro guardaroba da vacanza parigina e farvi sentire a vostro agio è la fantasia vichy – quella che ci ricorda Brigitte Bardot – per esempio su un petite robe o su una camicetta, e poi le righe orizzontali bianche e nere o bianche e blu alla bretone su una maglietta, per esempio. D'estate via libera anche alle gonne fresche in lino o in pizzo San Gallo (ma non date per scontato che d'estate faccia caldo, controllate sempre il meteo prima di partire, io ho dovuto anche portarmi un piumino leggero!). D'inverno perfetto il blazer di lana o cachemire sotto a un trench over, senza cintura in vita.

Ideale una borsa ampia e leggera durante il giorno, così da poter portare con sé un po' tutto il necessario. Se alla sera intendete uscire e fare festa, via di scarpa con il tacco con una longuette o un petite robe noire e una clutch in mano.

E in testa? Nelle stagioni fredde, perché non il classico basco di feltro o lana? E d'estate una paglietta, anche colorata, o un foulard annodato basso dietro la nuca.

MA COME VESTONO LE PARIGINE?

Lo stile francese si riconosce al primo sguardo per lo charme ottenuto – almeno sembra – senza grandi sforzi, come se fosse la cosa più naturale vestirsi con allure. Potete divertirvi a osservare parigine sconosciute – e prendere ispirazione – tramite due account su Instagram: @messynessychic e @parisiensinparis. Vedrete donne (e uomini) che camminano spediti lungo le strade, con quello street style che ci piace tanto ed è davvero replicabile, lontano da quello delle sfilate.

Come arrivare a Parigi e come spostarsi in città

Parigi è un viaggio facile. Dal Nord Italia si può arrivare in treno o con il pullman di linea. In questo capitolo vi accompagno a scegliere l'opzione migliore sia per giungere nella capitale francese, sia per muovervi con agilità, come vere parigine, nella Ville Lumière.

Se scegliete l'aereo, quasi tutte le compagnie aeree volano su uno degli aeroporti parigini. La capitale francese si raggiunge con volo diretto dai nostri principali aeroporti: Bologna, Firenze, Genova, Milano Linate e Milano Malpensa, Napoli, Roma Fiumicino, Torino, Venezia. Potete scegliere voli di linea, per esempio AirFrance o ITA; oppure voli low cost, per esempio BlueAir e EasyJet, che partono anche da Cagliari, Catania, Olbia, Palermo, Pisa, e pure Ryanair, che vola anche da e per Bari, Bergamo Orio al Serio, Roma Ciampino, Treviso. Ci sono poi Transavia e Vueling. Il consiglio è di consultare un sito aggregatore di compagnie aeree, come Volagratis, per poter avere un'idea dei prezzi migliori e degli ultimi aggiornamenti. Ci sono anche i voli con scalo, come quelli effettuati da British Airways con cambio a Londra, da KLM con cambio ad Amsterdam, da Lufthansa con cambio a Francoforte o a Monaco di Baviera, da Swiss con cambio a Zurigo e altri.

Gli aeroporti di Parigi

Sono cinque gli aeroporti che servono la capitale francese: Charles de Gaulle, Orly, Beauvais-Tillé, Châlons-Vatry e Le Bourget. Quelli che interessano i nostri spostamenti sono i primi tre: Charles de Gaulle e Orly sono i principali aeroporti di Parigi, Beauvais è meta soprattutto dalle compagnie low cost. Gli ultimi due, invece, sono utilizzati per i voli privati e per il trasporto delle merci.

Paris Charles de Gaulle (CDG), il più grande della Francia, dai parigini è chiamato aeroporto di Roissy perché è la località in cui si trova. CDG è distante 25 chilometri da Parigi, nella zona nord-est.

Autobus
Roissybus collega CDG con la città, in particolare con l'Opéra Garnier (✅ all'incrocio tra rue Scribe e rue Auber). La partenza di Roissybus in aeroporto è al Terminal 1, al Terminal 3, al Terminal 2AC, al Terminal 2D e al Terminal 2EF. I bus sono in funzione dal mattino presto fino alle 23 e passano con una frequenza di uno ogni 15/20 minuti. Il tragitto è di circa 50 minuti e il biglietto si può fare sul bus o collegandosi al sito internet della RATP al prezzo di 13,70 €, 🖥 www.parisaeroport.fr.

Ci sono tre principali linee di autobus che collegano CDG e la città:

- Autobus RATP n. 350, unisce CDG con Gare de l'Est. Costa 6 € o tre biglietti del métro, funziona dalle 5.30 alle 22.30 circa. Durata 60/80 minuti;
- Autobus RATP n. 351, collega CDG con place de la Nation (✅ 2 av du Trône, stazione del métro Nation). Costa 6 € o tre biglietti del métro, fun-

ziona dalle 5.30 alle 22.20 circa. Durata 70/90 minuti;

** Autobus Noctilien n. 140 e 143, fanno parte del servizio notturno RATP e collegano CDG con Gare de l'Est (place du 11 Novembre 1918, 10°) e Gare du Nord (170 rue La Fayette, 10°). Il prezzo è di 7,60 € o quattro biglietti del métro. Durata dai 55 agli 80 minuti.

Treno

L'Aéroport Charles de Gaulle è servito dalla linea B della RER che porta alla Gare du Nord e ad altre stazioni ferroviarie della città (Châtelet – Les Halles e Saint-Michel-Notre-Dame). I treni sono in servizio dalle 5 alle 23 il biglietto costa 11,40 €. Il convoglio passa ogni 6-15 minuti e la durata del viaggio è di circa 30/40 minuti. Questa è di solito la mia scelta perché da Gare du Nord transitano le linee del métro 2, 4 e 5 e altre due linee dei treni RER. Châtelet – Les Halles si trova in centro e da lì passano le linee 1, 4, 7, 11 e 14.

Taxi

Se non ci sono situazioni di particolare traffico, una corsa da CDG a Parigi dura circa 40 minuti. È in vigore una tariffa unica: 50 € per la *rive droite* e 55 € per la *rive gauche*. Potete anche utilizzare il servizio di Uber, con l'apposita app.

Navetta condivisa

Sono numerosi gli alberghi che mettono a disposizione il servizio di navetta condivisa a orari prefissati e da condividere con altri ospiti. Potete dare un'occhiata anche al sito www.supershuttle.com.

▓ In futuro

È atteso per i prossimi anni il collegamento diretto CDG-Parigi con un treno ad alta velocità. Il tragitto del CDG Express dovrebbe durare 20 minuti per 24 € e arriverà a Gare de l'Est.

L'Aéroport Paris Orly (ORY) è il city airport della capitale francese. Si trova a 15 chilometri a sud del centro di Parigi. Fino alla primavera del 2019, ORY aveva due terminal: Sud e Ovest. Dimenticate tutto e imparate la nuova dislocazione: Orly 1 e Orly 2 fanno parte del vecchio Terminal Ovest, l'edificio di collegamento è Orly 3 e il Terminal Sud è ora Orly 4. Su Orly 1 volano ITA, Vueling e Iberia; su Orly 2 EasyJet e su Orly 3 AirFrance e Transavia. È possibile spostarsi a piedi o con OrlyVal.

▓ Autobus

ORY è servito da Orlybus, che collega ORY con place Denfert-Rochereau (area sud di Parigi) ogni 10/20 minuti. Il tragitto dura mezz'ora. Costa 9,50 € ed è in funzione dalle 5.35 alle 00.30.

▓ Metropolitana automatizzata

OrlyVal è un treno o métro di superficie che collega Paris-Orly alla stazione di Antony della RER B. Il tragitto dura 7 minuti (poi prenderete un altro mezzo per raggiungere il centro della città, tenete conto di un'altra mezz'ora almeno) e i convogli passano ogni 4/7 minuti. Il treno funziona dalle 6.00 alle 23.35 e il biglietto costa 12.10 € in abbinamento a quello della RER. OrlyVal consente di spostarsi gratuitamente e rapidamente tra i quattro terminal di ORY.

Come utilizzare OrlyVal: il capolinea è Orly 4 e ha al livello 0 partenze/arrivi due fermate: in partenza vicino alla porta 48d e in arrivo tra le porte 42d e 45d. C'è una fermata intermedia a Orly

1 (che vale anche per Orly 2 e 3) e si trova vicino alla porta 12d del livello partenze di Orly 1. Si può andare da qui alla stazione Antony a pagamento oppure gratuitamente a Orly 4. Infine l'altro capolinea è Antony, dove si può fare lo scambio con RER B (che porta a Denfert-Rochereau in 15 minuti, a Saint-Michel – Notre-Dame in 20 minuti, a Châtelet – Les Halles in 25 minuti e alla Gare du Nord in 28 minuti).

Se dovete fare un cambio di volo tra CDG e ORY, potete utilizzare OrlyVal perché Charles de Gaulle è il capolinea della RER B (si può acquistare il biglietto che collega CDG e ORY a 21,50 €).

Tram

Tramway T7 collega ORY con la stazione del métro Villejuif-Louis Aragon (✓ lungo avenue de Stalingrad), zona sud di Parigi. Si acquistano i biglietti (1,90 €, 40 minuti di tragitto, corse ogni dieci minuti dalle 5.30 a mezzanotte circa) al distributore automatico che si trova alla fermata del tram. Non si possono acquistare biglietti a bordo. Il T7 collega solo Orly 4, per spostarvi negli altri settori potete usare OrlyVal gratuitamente (Orly 1 e Orly 2). Da Orly 4 a Orly 3 potete spostarvi a piedi. La fermata del T7 a Orly 4 si trova al piano terra tra l'uscita 47d e Starbucks. Per arrivare in centro, potete prendere il métro linea 7 che ha tre capolinea: La Courneuve – 8 Mai 1945 in direzione nord-est, per andare verso Parigi; Villejuif – Louis Aragon e Mairie d'Ivry, in direzione sud-est. La linea 7 collega il capolinea Villejuif – Louis Aragon con Place d'Italie, Châtelet – Les Halles, Opéra, Gare de l'Est (a seconda delle distanze da 15 a 40 minuti).

▧ Taxi

La corsa da ORY al centro di Parigi ha una durata di circa mezz'ora e tariffe fisse: per la *rive droite* 35 € e per la *rive gauche* 30 €.

▧ In futuro

Nel 2010 è stato approvato il progetto di prolungamento della linea del métro 14 da Parigi (Olympiades) all'aeroporto di Orly con Grand Paris Express. Si ipotizza che possa essere utilizzabile dal 2024.

▧ La novità

Dovrebbe diventare effettivo mentre questa guida è in stampa il tram T9 che collegherà Porte de Choisy (13° arrondissement) al centro di Orly. Questa nuova linea rafforzerà anche l'offerta di trasporto nelle città di Ivry-sur-Seine, Vitry-sur-Seine, Choisy-le-Roy, Thiais e Orly. Sostituirà anche l'attuale linea bus 183 che collega oggi Porte de Choisy e l'aeroporto di Orly.

L'Aéroport Paris Beauvais (BVA) si trova a quasi 80 chilometri a nord di Parigi ed è servito da alcune compagnie low cost. È l'aerostazione più scomoda per raggiungere Parigi.

▧ Navetta

La navette di Beauvais ha un costo di 17 € e impiega un'ora e un quarto circa a raggiungere l'estremità ovest del centro di Parigi (Parking Pershing, ☑ 16-24 bd Pershing, linea del métro Porte Maillot). Potete trovare informazioni in aeroporto o sul sito 💻 www.aeroportparisbeauvais.com.

▧ Taxi

Una corsa Parigi-BVA e viceversa costa dai 170 ai 210 €.

Arrivare a Parigi in treno

Arrivare nella capitale francese in treno permette di trovarsi immediatamente in centro città e si evitano i tempi morti del check-in e del ritiro bagagli all'arrivo, così come i controlli di sicurezza. Inoltre, si possono risparmiare i costi dei mezzi di trasporto da e per l'aeroporto.

Sono quattro le città italiane collegate direttamente a Parigi: Milano, Novara, Torino e Vercelli. Ogni giorno sono previste quattro partenze: tre da Milano e Torino, al mattino e nel primo pomeriggio; una da Novara e Vercelli al mattino. Il viaggio dura 7/8 ore e si arriva a Paris Gare de Lyon. I TGV SNFC (💻 www.oui.snfc/it, 💻 www.snfc.com/fr) collegano Milano Centrale alla capitale francese via Torino/Modane.

Si può anche salire su un EuroNight Thello di Trenitalia (💻 www.trenitalia.com, 💻 www.thello.com) che collega Venezia Santa Lucia a Paris Gare de Lyon via Milano/Digione in 14 ore e viaggia di notte. Sono proposte cuccette da quattro o sei posti. Le stazioni in cui ferma Thello, partendo da Venezia, sono Padova, Vicenza, Verona, Bresca e Milano. Si parte in serata e l'arrivo è la mattina successiva.

Se partite dalla Svizzera, potete consultare il sito delle Ferrovie Federali Svizzere, 💻 www.sbb.ch.

▨ La novità

Da dicembre 2021 è possibile raggiungere Parigi in treno da Milano in sei ore con il Frecciarossa: da Milano Centrale a Paris Gare de Lyon. Trenitalia (💻 www.trenitalia.com) ha lanciato due treni ad alta velocità sulla linea Parigi-Lione-Torino-Milano a partire da 29,00 €. Da Milano la partenza è alle 6.25 con arrivo a Parigi alle 13.22 e alle 15.53 con arrivo nella capitale francese alle

22.25. Da Parigi la partenza è alle 7.26 con arrivo a Milano alle 14.07 e alle 15.18 con arrivo alle 22.07. Mentre è in stampa questa guida, sono stati annunciati altri due viaggi di andata e di ritorno dal 1° giugno 2022 che completeranno l'offerta Frecciarossa tra Parigi e Milano.

UN VIAGGIO DI LUSSO SULL'ORIENT EXPRESS

Una tratta pittoresca che attraversa il Nord Italia, valica le Alpi, costeggia laghi di montagna, si immerge in fitti boschi, arriva in Austria e poi in Svizzera e percorre il territorio francese fino a Parigi. Si può scendere qui o fare Venezia-Londra, fino alla Victoria Station. Come? Da Parigi il treno va a Calais, passando nel tunnel sotto la Manica, e arriva a Dover per proseguire per Londra.

L'Opzione Orient Express Venezia-Parigi è di due giorni, raddoppia (come il prezzo) quella Venezia-Londra (quattro giorni). È un viaggio non per tutte le tasche, perché si parte da oltre 2.000 € a persona, ma è anche un'esperienza che porta indietro nel tempo e ricca di emozioni. Il Belmond Venice Simplon Orient Express è in stile anni Venti. Per avere un'idea delle date e dei costi, 🖥 www.trenidilusso.com.

Se siete già in Francia e volete spostarvi da o per Parigi, qualche indicazione sulle stazioni ferroviarie della città su 🖥 www.oui.sncf/gares.

■ **Gare d'Austerlitz** (✅ 85 quai d'Austerlitz, 13°), inaugurata nel 1840, si trova nella zona sud-est della città (*rive gauche*) ed è il capolinea di alcuni dei treni che arrivano a Parigi da sud (Limoges, Orléans, Tolosa). Da qui passano le linee 5 e 10 del métro.

■ **Gare de l'Est** (☑ place du 11 Novembre 1918 e si affaccia su bd de Strasbourg, 10°), aperta nel 1849, si trova a nord della capitale ed è una delle stazioni più importanti di Parigi, è il capolinea dei treni in arrivo dal Lussemburgo e da alcune città tedesche. Qui arriva anche un treno da Mosca una volta alla settimana, 💻 www.trains-des-tsars.com. A Gare de l'Est arrivano i TGV Est (Alsazia, Champagne, Lorena). È da questa stazione che il 4 ottobre 1883 partì il primo Orient Express diretto a Costantinopoli. Da qui passano le linee 4, 5 e 7 del métro.

■ **Gare de Lyon** (☑ place Louis Armand, 12°), costruita per l'Esposizione Universale del 1900, si trova nella zona est di Parigi ed è una delle più importanti stazioni della capitale. È il capolinea dei treni che provengono da Lione, Alpi francesi, Costa Azzurra e Provenza, Italia, Spagna e Svizzera. La Gare de Lyon ospita il famoso ristorante Le Train bleu, inaugurato nel 1901 con il nome Le Buffet de la Gare de Lyon. Il nome attuale risale al 1963. Da qui passano le linee 1 e 14 del métro.

■ **Gare du Nord** (☑ 18 rue de Dunkerque, 10°), inaugurata nel giugno 1846, è una delle più grandi stazioni di Parigi. Si trova nella zona nord della città ed è il capolinea dei treni internazionali: Eurostar Londra-Parigi (tratta di due ore e mezza fino a Saint Pancras, 💻 www.eurostar.com) e Thalys per il collegamento con Amsterdam, Bruxelles, e Colonia (💻 www.thalys.com). Di qui transitano le linee 2, 4, 5 e 7 del métro.

■ **Gare Montparnasse** (☑ av du Maine e 17 bd de Vaugirard, 15°) è stata costruita nel 1840 e si chiamava Gare de l'Ouest-Rive Gauche. Si trova nella zona sud della capitale ed è il capolinea dei treni che arrivano da sud-ovest e da ovest (dalla Bretagna e dalla Valle della Loira, come dal Portogallo e dalla Spagna). Famosa è la fotografia dell'incidente che avvenne il 22 ottobre 1895: una locomotiva a vapore arrivata in stazione a una velocità troppo elevata non riuscì a fermare la sua corsa, demolì la facciata della stazione e precipitò nel piazzale, a più di dieci metri di altezza rispetto ai binari. Di qui passano le linee 4, 6, 12 e 13 del métro.

■ **Gare Saint-Lazare** (☑ rue Intérieure, 8°) comincia la sua storia nel 1837 e si trova a Clichy, nella zona nord-ovest della città. È capolinea dei treni che provengono dalla Normandia. Da qui passano le linee del métro 3, 12, 13 e 14.

■ **Gare de Bercy** (☑ bd de Bercy, 12°), attiva dal 1985, si trova nella zona est di Parigi, vicino alla Gare de Lyon. È specializzata nei servizi auto-treno ed è capolinea degli autobus a lunga percorrenza (Ouibus, 💻 www.ouibus.com).

Date anche un'occhiata ai biglietti internazionali ridotti, come Carta Rail Plus su 💻 www.trenitalia.com e Interrail su 💻 www.interrail.eu/it.

A Parigi in bus

Se non amate viaggiare in aereo e la vostra città non è tra quelle collegate con il treno a Parigi, un'altra possibilità per raggiungere la capitale francese potrebbe essere quella di utilizzare l'**autobus**. I punti di arrivo sono Bagnolet e Bercy. Da Milano, per farvi un'idea, si tratta di un tragitto di circa 15 ore.

Eurolines ( www.eurolines.fr) collega le principali città europee alla Gare Routière Internationale de Paris-Galliéni (☑ 28 av du Général de Gaulle, Bagnolet, fermata métro Galliéni, linea 3). Sono circa ottanta i punti di partenza di Eurolines. Con Milano, Parigi ha una linea diretta. I viaggi sono notturni.

FlixBus Italia (www.flixbus.it) effettua collegamenti giornalieri low cost tra Parigi e alcune città italiane. Ha più stazioni drop off a Parigi, come Bercy (zona est), Porte Maillot, Republique. Non ha tariffe fisse, per cui controllate sul sito ufficiale. Potete anche informarvi su InterFlix, un pass nominale e non cedibile che permette di visitare cinque città europee a scelta a 99 € nell'arco di tre mesi dall'attivazione.

Infobus (www.infobus.eu) è un'altra opzione. Un esempio: parte da Roma Tiburtina alle 22.45 e, con una sosta a Milano di un paio d'ore, arriva a Bercy in 22 ore e 30 minuti, quindi la sera successiva. I prezzi di solito sono tra i 70 e i 90 € a tratta.

Ouibus (www.ouibus.com) è un servizio gestito da SNCF ed effettua un collegamento giornaliero tra Milano Lampugnano e Paris-Bercy. Serve anche altre città italiane, ma sempre con un cambio/sosta incluso. La tariffa base è di 39,00 €.

Chi parte in autobus dalla Svizzera può organizzare il viaggio informandosi su questi siti: Eurolines www.eurolines.ch, FlixBus www.flixbus.ch, Ouibus www.ouibus.com.

EUROVELO ATTRAVERSA L'EUROPA

Se siete appassionate di bicicletta e siete grandi sportive, potreste anche cimentarvi nell'EuroVelo. È una rete di cicloitinerari che attraversa l'Europa. Date uno sguardo a www.eurovelo.org.

Viaggiare in automobile

Se avete intenzione di organizzare un viaggio itinerante, un road trip, in Francia, potreste valutare di spostarvi con la vostra automobile. Dall'Italia attraverserete uno dei varchi per la Francia dalla Liguria, dal Piemonte o dalla Valle d'Aosta. In Francia è riconosciuta la patente italiana, così come l'assicurazione. Se viaggiate con un'automobile non di vostra proprietà, nel caso in cui vi fermassero, dovrete essere in possesso di una delega a condurre con firma autenticata oppure del certificato di immatricolazione.

Dal 2016 è stato introdotto un bollino anti inquinamento, Crit'Air Vignette. Per entrare all'interno dell'area ZCR (*Zones à circulation restreinte*) è richiesta la Crit'Air Vignette dalle 8.00 alle 20.00 da lunedì a venerdì (autocarri e autobus anche nel weekend). La zona in cui è in uso è il raccordo anulare circoscritto dal boulevard Périphérique. Anche le motociclette devono esporre il bollino e così i veicoli stranieri. Potete acquistare il bollino sul sito 💻 www.lez-france.fr oppure 💻 www.crit-air.fr (entrambi anche in italiano per la compilazione dei dati). Procedete per tempo perché il bollino arriva via posta.

Se non è necessario, evitate l'automobile a Parigi e preferite i mezzi pubblici, che funzionano molto bene e vi portano ovunque.

Come muoversi in città

Come ci si sposta a Parigi con i trasporti urbani? Con il métro, i treni RER, gli autobus diurni e notturni e la funicolare di Montmartre. In questo quartiere turistico e romantico c'è anche l'autobus Montmartre Bus che parte da place Pigalle. E tutti i trasporti sono gestiti dalla società RATP (www.ratp.fr), questo significa che potete usare lo stesso biglietto in métro e sulla funicolare. Il métro e la RER sono gestiti in collaborazione con SNCF.

Il **métro** ha 16 linee indicate con i numeri da 1 a 14, più 3bis e 7bis.

La **RER** ha cinque linee principali: A, B, C, D, E.

Le zone tariffarie sono 8, ma i turisti di solito utilizzano quelle dalla 1 alla 5. La maggior parte delle linee del métro si trova in zona 1, al massimo sconfina in zona 2. Se invece vi muovete sulla RER dovete fare attenzione alla zona, per esempio l'aeroporto Charles de Gaulle si trova in zona 5.

Per muovervi senza problemi tra le varie stazioni, controllate su ogni banchina i cartelli con l'indicazione della direction e il nome del capolinea. La 7 e la 13 sono linee che hanno più ramificazioni, per cui prestate maggiore attenzione, ma anche sul treno in arrivo è segnato il nome del capolinea.

Le stazioni del métro sono a volte molto grandi e potreste dover camminare a lungo per cambiare linea, per cui tenete presente sempre di partire per tempo per i vostri spostamenti.

Dove acquistare i biglietti

I biglietti si possono comprare in tutte le stazioni del métro. Ci sono gli sportelli con il personale e ci sono distributori automatici che accettano monete, banconote, carte di credito (in alcune macchine funzionano solo quelle con il microchip). I biglietti RATP funzionano sul métro, sulla RER e sulla funicolare di Montmartre. Le **Ticket t+** è piccolo e bianco e costa 1,90 € (se lo acquistate sul bus costa 2 € e vale una corsa singola). Il **carnet** per adulti da dieci biglietti costa 14,90 €. Sotto i 4 anni i bambini viaggiano gratis, invece fino ai 9 anni pagano la metà.

Ogni biglietto permette di viaggiare tra due stazioni per 90 minuti su bus e tram e 120 minuti su métro e RER. Non contano i cambi di linea (tranne quelli tra bus e métro). Le Ticket t+ si può utilizzare sulla RER ma solo in zona 1. Il biglietto va conservato perché serve anche per i tornelli in uscita dalla stazione.

Zone dei trasporti pubblici

Per capire quale tipo di biglietto/pass scegliere, può essere utile avere un'idea delle zone di Parigi. La zona 1 comprende il cuore di Parigi fino, all'incirca, al boulevard Périphérique, una sorta di raccordo anulare. Nella zona 1 troverete, quindi, dalla Tour Eiffel a Montmartre, dal Louvre alle stazioni dei treni. La zona 2 è una fascia ristretta con poche stazioni: si estende fino all'ansa della Senna che lambisce La Défense. Nella zona 3 ha sede il quartiere finanziario e degli affari La Défense con la Grande Arche, ma si trova anche Saint-Denis, uno dei sobborghi della città. Nella zona 4 sono compresi Versailles e l'aeroporto di Orly, il cosiddetto aeroporto cittadino. La zona 5 racchiude Disneyland Paris e i centri commerciali di Marne la Vallèe, ma anche l'aeroporto Charles de Gaulle. Le zone dalla 6 alla 8 sono meno utilizzate dai turisti perché sono le più lontane dalle attrazioni turistiche.

Le principali linee del métro

Come la linea blu Piccadilly di Londra è chiamata turistica perché consente di raggiungere dall'aeroporto di Heathrow tutte le attrazioni più importanti della capitale con un solo mezzo, così sono molte le città che hanno alcune linee della metropolitana che servono più luoghi iconici in modo da facilitare i viaggiatori. Per esempio, il métro linea 1 collega l'Arc de Triomphe, gli Champs-Elysées, place de la Concorde, il Louvre, Les Halles, la Bastille, Gare de Lyon.

La RER

La linea RER C5 direzione Versailles-Rive Gauche conduce alla Reggia di Versailles. Il primo treno parte da Les Invalides alle 5.49 e in mezz'ora circa arriva al capolinea, Versailles. I treni passano ogni 15 minuti al mattino e nel pomeriggio, invece la sera ogni 30-60 minuti. Attenzione perché i treni SARA non fermano a Versailles-Rive Gauche, ma a Versailles Chantiers. Se doveste sbagliarvi, invece di camminare solo cinque minuti fino alla Reggia, dovrete fare una passeggiata di 15 minuti circa. L'ultimo treno da Versailles-Rive Gauche parte alle 23.55 e arriva a Les Invalides alle 00.26.

Con la linea RER A4 direzione Marne la Vallèe/Chessy – Disneyland Paris si raggiunge la famosa attrazione turistica amata da grandi e piccoli. La prima corsa parte alle 5.20 con convogli ogni 10/30 minuti, fino all'ultima partenza delle 00.30. Il costo del biglietto solo per una tratta è di 7,30 €. Potete prendere RER A4 da Charles de Gaulle-Etoile, Auber, Châtelet – Les Halles, Gare de Lyon e Nation. All'arrivo sono due minuti a piedi verso uno dei due ingressi del parco.

Pass turistici

Le tessere turistiche Paris Visite e Mobilis hanno validità sul métro, sulla RER, sulle linee suburbane SNCF, sugli autobus diurni e notturni, sui tram e sulla funicolare di Montmartre. All'attivazione dovete riportare sulla tessera il vostro nome e la data di utilizzo (funzionano su giornata e non sull'orario).

Paris Visite si può scegliere sulle zone 1-3 oppure 1-5 (inclusi quindi Versailles, Disneyland Paris e gli aeroporti) e cambia il costo (da 14,90 € per Paris Centre a 75,60 € Paris+Suburbs+Airports) in base ai giorni scelti di utilizzo: da uno a cinque. Paris Visite si può acquistare alle biglietterie automatiche del métro e nelle stazioni dei treni, oppure online, per esempio sul sito 💻 www.mycitycards.com che ha una sede a Milano e una a Roma e spedisce in tutta Italia (anche per i singoli biglietti dei mezzi parigini). Paris Visite può fare anche parte della tessera turistica più famosa, **Paris Pass** (💻 www.parispass.it), con cui si hanno accessi privilegiati e gratuiti ai principali monumenti di Parigi (come il Louvre e il Musée d'Orsay), è possibile usufruire del tour di un giorno hop on/hop off e si ha accesso gratuito alle maggiori attrazioni turistiche (compresi un giro in battello sulla Senna e la visita all'Opéra Garnier). Paris Pass da due giorni ha un costo di 109 €, fino a Paris Pass da sei giorni a 169 €.

Paris Pass oltre a Paris Visite per i mezzi (un biglietto da inserire nei tornelli del métro o sull'autobus) offre **Paris Museum Pass** che è una carta magnetica da strisciare all'ingresso dei musei. Paris Pass può essere spedito a casa (richiedetelo per tempo) oppure si può ritirare a Parigi, risparmiando la spedizione. È necessario stampare la ricevuta di acquisto e mostrarla al punto distribuzione della stazione Strasbourg Saint-Denis, linea del métro 4, 8 o 9 al 74 rue de Cléry.

Mobilis è un biglietto giornaliero, con viaggi illimitati e costa da 7,50 € per due zone a 17,80 per cinque zone. Si acquista nelle stazioni del métro e della RER o SNCF. Confrontate, rispetto al costo del carnet da dieci biglietti, che cosa vi conviene.

Navigo (💻 www.navigo.fr) è un pass che funziona come la Oyster Card di Londra o l'Octopus di Hong Kong e può essere utile se vi fermate a Parigi a lungo. La tessera è giornaliera, settimanale, mensile o annuale, ricaricabile nelle stazioni del métro. Per ottenere la tessera, dovete compilare il modulo online e prima di riceverla possono essere necessarie dalle due settimane al mese di tempo. A Parigi potete acquistare al volo il pass **Navigo Découverte** al costo di 5 € e si può ricaricare. Ricordatevi che per entrambi è necessaria una fototessera. La tessera di viaggio giornaliera, in base alle zone scelte, costa da 7,50 € a 17,80 €. Il pass settimanale per tutte le zone costa 22,80 € ed è sempre valido da lunedì a domenica (attenzione perché si acquista sempre di settimana in settimana, per cui sarà in vendita dal venerdì precedente al giovedì in corso, poi troverete solo quello per la settimana successiva e così via). La tessera mensile, sempre per tutte le zone, costa 75,20 €: inizia sempre il primo giorno del mese ed è in vendita dal giorno 20 del mese precedente. In molti casi questo pass è più economico di Paris Visite, anche se non vi fermate a Parigi per una settimana: provate a studiare le vostre necessità.

A proposito di pass turistici, ce ne sono molti altri ed è sempre utile considerare che cosa desiderate fare e vedere prima di scegliere quello più utile per il vostro viaggio. Oltre a Paris Pass, potete dare uno sguardo anche a **Paris CityPASS**, **Pass lib'**, **Paris Explorer Pass** e **Museum Pass**. I siti di riferimento sono 🖥 www.parispass.it, 🖥 www.getyourguide.it, 🖥 www.parispassexplorer.com, 🖥 www.mycitycards.com, 🖥 www.musement.com.

Biciclette

Parigi sta diventando sempre più una città a misura di **bicicletta**, sia grazie alla presenza di piste ciclabili, sia per il servizio di bike sharing che funziona molto bene. Per evitare il traffico automobilistico, si può prendere spunto dalla mappa delle piste ciclabili che si può scaricare gratuitamente dal sito 🖥 www.it.parismap360.com/piste-ciclabili-parigi. La rete ciclabile si compone di 371 chilometri in città ed è in continua espansione. Queste aree si trovano lungo il ciglio delle strade e sono sempre segnalate: sono riconoscibili per le strisce bianche sull'asfalto, ma anche per i cartelli che raffigurano una bicicletta.

Alcuni itinerari lungo la Senna o i canali Vilette e Ourcq:

* ✵✵ da Parigi al Parc de Sceaux lungo la Coulée Verte sopraelevata, 17 km;
* ✵✵ da Parigi alla Reggia di Versailles lungo la Véloscénie, 33 km;
* ✵✵ da Parigi a Maison-Laffite lungo il Canal Saint-Martin e la Senna, 45 km;
* ✵✵ da Parigi a Claye-Souilly lungo il Canal Ourcq, 23 km.

Sharing

Vélib' Métropole (da vélo, "bicicletta" e liberté, "libertà") è un sistema di noleggio biciclette *libre-service*. Si sceglie una bici alle rastrelliere (oggi sono poco meno di duemila) dopo aver sottoscritto un abbonamento. Ce ne sono per tutti i gusti e le necessità: giornaliero, settimanale, annuale. Si possono prenotare sul sito ufficiale 🖥 www.velib-metropole.fr/it o si possono acquistare direttamente alle stazioni/rastrelliere dotate di lettore microchip. Potete utilizzare la vostra carta di credito (con microchip e codice pin). Bisogna lasciare un deposito cauzionale di circa 150/300 € in caso di mancata restituzione o danno. Riceverete un codice identificativo e un pin. Le biciclette possono essere noleggiate dai maggiori di 14 anni. Il casco non è obbligatorio. La bici a noleggio è provvista di lucchetto. È possibile scegliere anche una bici elettrica a pedalata assistita che raggiunge una velocità massima di 25km/h e con un'autonomia di 50 km. La prima mezz'ora è gratuita e poi si paga in base al tempo di utilizzo.

Potete dare uno sguardo ad alternative, anche per andare fuori città o per visite guidate: 🖥 www.allovelo.paris, 🖥 www.parisbiketour.net. L'associazione **Paris Rando Vélo** ogni venerdì sera e ogni domenica mattina (partenze alle 21.30 e alle 10.30) organizza pedalate gratuite dall'Hôtel de Ville con uno staff che blocca il traffico lungo le strade nel momento di passaggio del gruppo di ciclisti per assicurare un percorso in sicurezza. Il tour circolare dura due ore e un quarto per circa 20 chilometri: un'ora di pedalata, un quarto d'ora di pausa e ancora un'ora di pedalata, ☐ www.parisrandovelo.fr.

Potete noleggiare bici e biciclette con pedalata assistita anche qui: ☐ www.bikeabouttours.com per visite guidate diurne e tour e-bike nella regione di Champagne (☑ Le Peloton Café, 17 rue du Pont Louis-Philippe, métro Hôtel de Ville), ☐ www.fatti-retours.com/paris con possibilità di tour diurno o serale, anche a Versailles, ☐ www.freescoot.com che include l'assicurazione di responsabilità civile, casco, lucchetto, attrezzatura in caso di pioggia e guanti, ma vanno lette le caratteristiche dei conducenti in base all'età e alla patente di guida (☑ 63 quai de la Tournelle, métro Maubert-Mutualité), ☐ www.gepetto-velos.com (☑ 28 rue des Fossées Saint-Bernard, métro Jussieu, Cardinal Lemoine), ☐ www.parisvelosympa.fr (☑ 22 rue Alphonse Baudin, métro Richard Lenoir, Saint-Sébastien – Froissart) organizza tour tematici, per esempio Paris insolite e Paris contrastes.

LA PRIMA VÉLORUE D'ÎLE-DE-FRANCE

Il 12° arrondissement di Parigi accoglie la prima vélorue della regione: **rue de Charenton**. Un nuovo piano di circolazione che sta giungendo al termine andrà a diminuire il traffico delle vetture su questa strada per far sì che diventi più a misura di bicicletta. Si tratta di 3,1 chilometri totali.

Sempre di sharing si tratta, ma questa volta di **scooter** e il servizio si chiama **Cityscoot** (💻 www.cityscoot.eu). Si possono noleggiare scooter che raggiungono i 45km/h, sono accettate tutte le patenti (anche quelle straniere, a chi è nato dopo il 1° gennaio 1988 è richiesta una patente di guida dell'Unione Europea) e non è necessario iscriversi. È necessario avere uno smartphone e scaricare l'app. Un'altra società di noleggio, in questo caso di Vespa XLV, è Left Bank Scooters (💻 www.leftbankscooters.com), ma è necessario lasciare un deposito che può arrivare sino a 1.200 €.

Sospeso per qualche tempo il servizio di noleggio dei monopattini elettrici per i numerosi incidenti occorsi in città, ne sono poi stati riattivati alcuni, tra cui Dott per i suoi alti standard aziendali (energia 100% green, dipendenti assunti a tempo pieno, prezzi calmierati), Lime e Tier: 💻 www.ridedott.com/ride-with-us/paris, 💻 www.li.me, 💻 www.tier.app.

Autobus

Se fino a qualche anno fa salire su un **autobus** in una città che non si conosceva o si conosceva poco si sarebbe quasi rivelata un'impresa per non sbagliare fermata e direzione, con le mappe sullo smartphone è un gioco da ragazzi e muoversi sui bus per osservare la città può essere una buona idea. Anche per chi ha problemi di mobilità, poiché salire su un bus è più agevole rispetto ai lunghi percorsi nei tunnel della metropolitana. La rete di autobus di Parigi è gestita da RATP ed è in servizio dalle 5 all'una di notte, da lunedì a sabato. Corse meno frequenti la domenica e i festivi. **Noctilien** sono i bus notturni, sempre gestiti da RATP: da 00.30 alle 5.30 circa. Li riconoscete sulle pale alle stazioni perché sono indicati con la N e con il colore blu. Esistono due circolari, N01 e N02, che collegano le stazioni ferroviarie principali (Saint-Lazare, Gare de l'Est, Gare de Lyon, Gare Montparnasse) e le zone in cui si trova la maggior parte dei ristoranti e locali notturni, come Bastille, Champs-Elysées, Pigalle e Saint-Germain.

Molti turisti amano utilizzare i tour in autobus, soprattutto se è la prima volta che visitano una città. Se avete acquistato Paris Pass, date un'occhiata, perché avete anche la possibilità di utilizzare un giorno di visita in bus hop on/hop off. Altrimenti potete scegliere tra **Big Bus Paris** (💻 www.bigbustours.com/en/paris/paris-bus-tours) con il suo classico tour da 10 fermate, oppure **L'Open Tour** (💻 www.paris.opentour.com) con bus scoperti, quattro circuiti e 50 fermate.

Battelli

I **battelli** che navigano lungo la Senna sono elementi fondamentali nell'immaginario parigino. Possono essere utilizzati per una serata romantica (attenzione al dress code, in questo caso) ma anche per percorrere un tratto del vostro itinerario godendo della vista dalle imbarcazioni con le coperture in vetro.

Il battello turistico **Batobus** (💻 www.batobus.com) funziona come un bus hop on/hop off per 24 o 48 ore. Le stazioni/imbarcadero lungo la Senna sono nove: Tour Eiffel, Musée d'Orsay, Saint-Germain-des-Prés, Notre-Dame, Jardins des Plantes, Hôtel de Ville, Louvre, Champs-Élysées, Beaugrenelle. Le imbarcazioni passano ogni 30/45 minuti. Le tariffe variano dai 19 € per un giorno ai 21 € per due giorni, con ridotti a 9 e 11 € per i bambini. I biglietti si possono acquistare online, alle fermate dei traghetti o negli uffici turistici. Il Pass+ comprende gli autobus scoperti L'Open Tour (💻 www.paris.opentour.com) a 59 €.

Se desiderate fare una crociera sulla Senna, potete scegliere i famosi **Bateaux Mouches**, termine coniato da Jean Bruel nel 1950 per la Compagnie des Bateaux Mouche, ma che per antonomasia indica tutte le imbarcazioni che trasportano turisti lungo il fiume. Il famoso "battello mosca" offre la crociera classica lungo la Senna (circa un'ora e un quarto per 14 €), la crociera con pranzo a bordo (sabato, domenica e festivi con imbarco al Pont de l'Alma dalle 12.00 alle 12.15 e durata di un'ora e 45 minuti, a 69 € per gli adulti e 37 € per i bambini), la crociera con cena a bordo in cui è gradito l'abbigliamento formale con imbarco al Pont de l'Alma dalle 19.30 alle 20.15 e durata di circa due ore e un quarto. I prezzi per gli adulti variano da 79 € a circa 200, con possibilità di organizzare la proposta di matrimonio a 325 € (🖥 www.bateaux-mouches.fr).

Se preferite un tour con audioguida, potete scegliere **Bateaux Parisiens** (☑ Port de la Bourdonnais, 7°, métro Bir Hakeim o RER Pont de l'Alma, 🖥 www.bateauxparisiens.com) con proposta di un'ora in 14 lingue. Si possono scegliere anche le opzioni con pranzo o cena. I punti di partenza sono due: Tour Eiffel o a sud di Notre-Dame.

Le Vedettes sono invece adatte per chi preferisce tour più intimi, perché le imbarcazioni sono più piccole. Due le compagnie e le opzioni: Vedettes de Paris (☑ Port de Suffren, 7°, métro Bir Hakeim o RER Champs de Mars – Tour Eiffel, 🖥 www.vedettesdeparis.fr) con possibilità di scegliere il tour dei misteri di Parigi, e Vedettes du Pont Neuf (☑ square su Vert Galant, 1°, métro Pont Neuf, 🖥 www.vedettesdupontneuf.com).

Per gli itinerari a piedi, vi rimando a pagina 96 e seguenti.

TOUR SULLA DUE CAVALLI

Visitare Parigi su una due cavalli si può. Paris Authentic (www.parisauthentic.com/it) a partire da 89,50 € vi porta a spasso per la Ville Lumière a bordo di una Citroën 2CV vintage. Potete suggerire voi il percorso all'autista oppure lasciarvi guidare da lui. Ci sono tante opzioni e potete anche scegliere quella senza autista, in cui il driver siete voi, oppure preferire il transfer, ovvero farvi venire a prendere in stazione dalla vostra due cavalli. Sul sito ci sono anche le cacce al tesoro in squadra di Rallye Paris e vari programmi da costruire su misura. Anche quello per il vostro matrimonio o per la luna di miele.

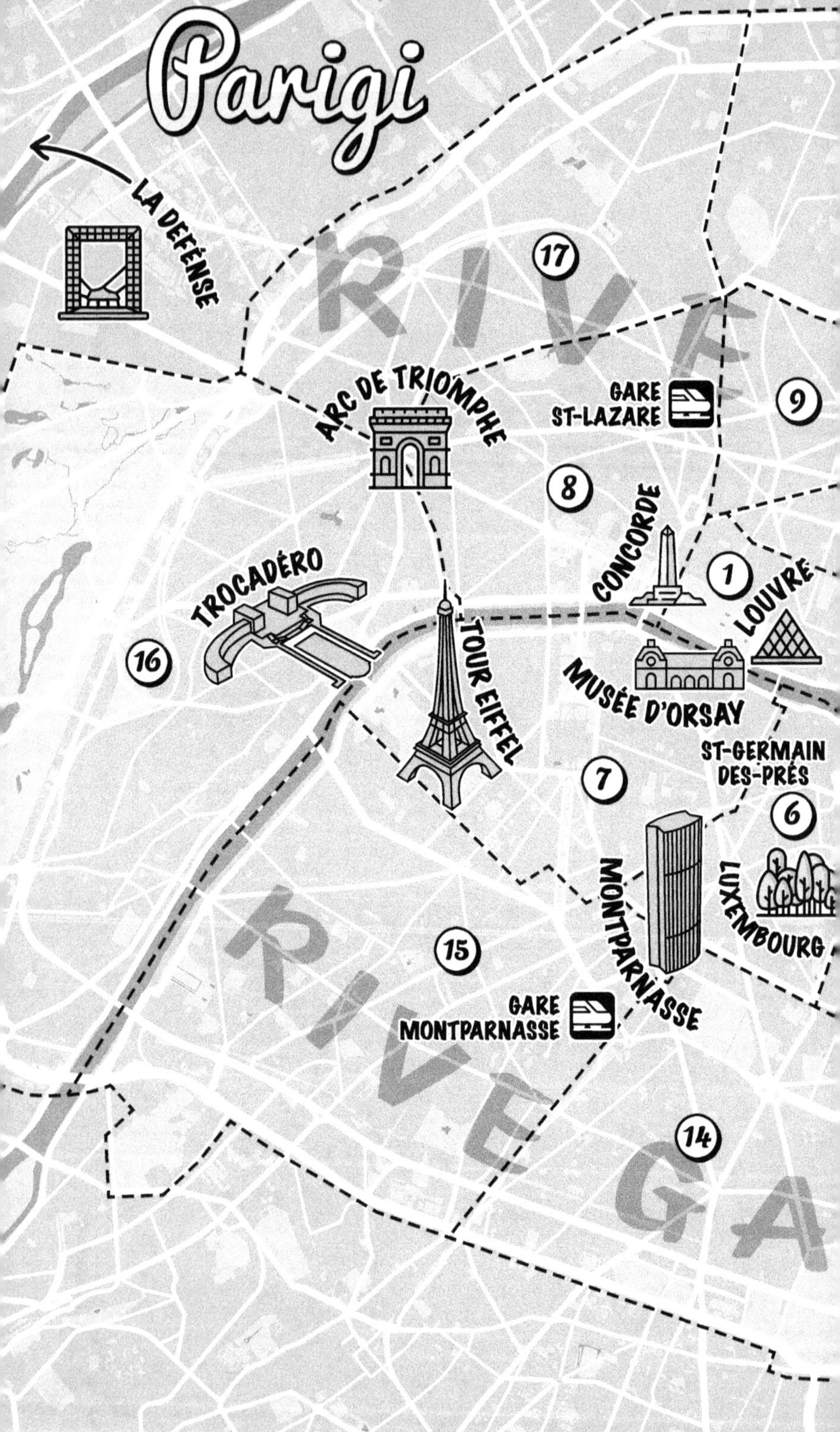

Parigi
LA DÉFENSE
RIVE
17
ARC DE TRIOMPHE
GARE ST-LAZARE
9
8
CONCORDE
1
LOUVRE
TROCADÉRO
MUSÉE D'ORSAY
16
ST-GERMAIN DES-PRÉS
TOUR EIFFEL
6
7
LUXEMBOURG
MONTPARNASSE
15
RIVE
GARE MONTPARNASSE
14
GA

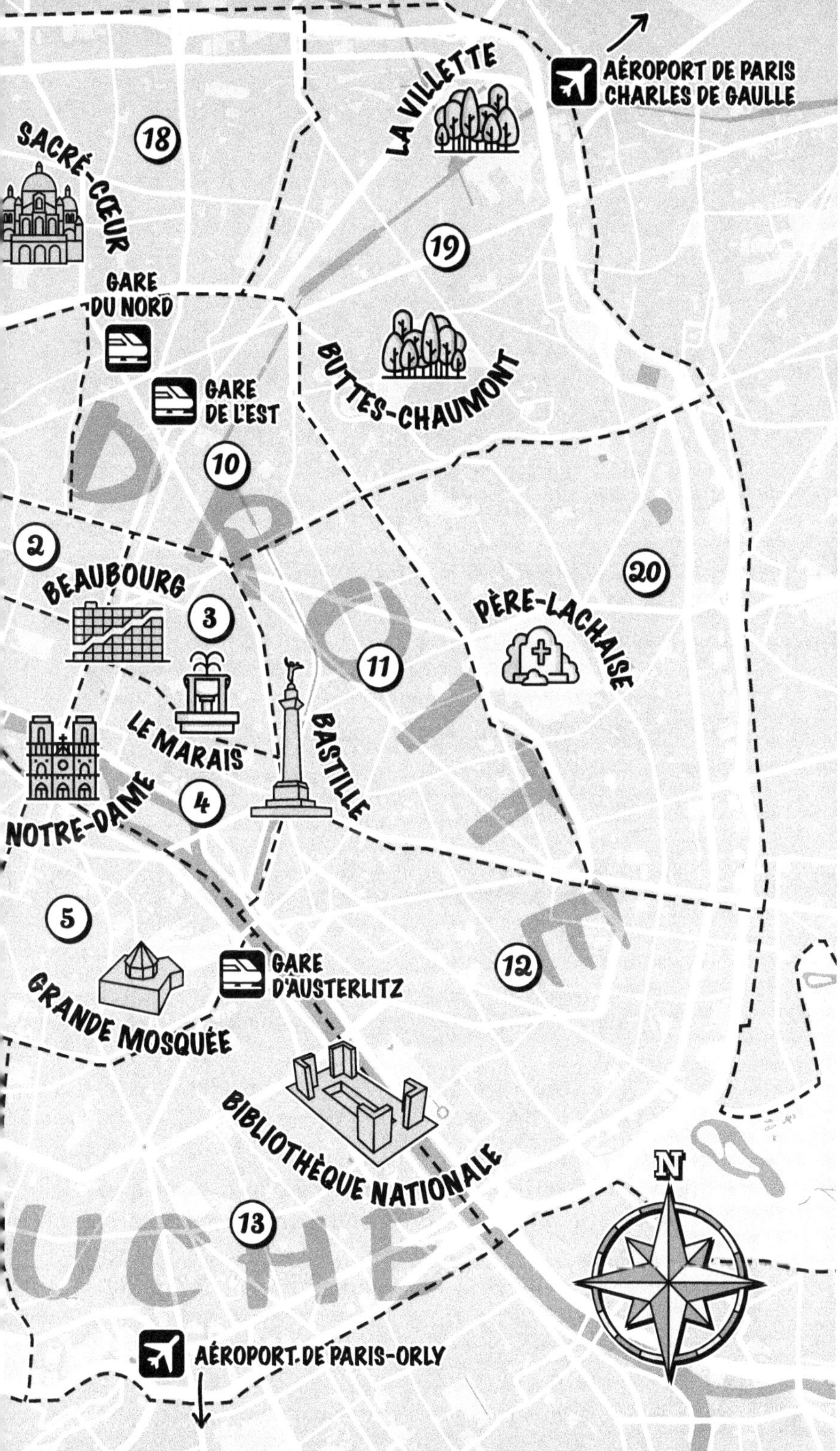

SACRÉ-CŒUR
18
LA VILLETTE
AÉROPORT DE PARIS CHARLES DE GAULLE
GARE DU NORD
GARE DE L'EST
19
BUTTES-CHAUMONT
10
DROIT
2
BEAUBOURG
3
11
PÈRE-LACHAISE
20
LE MARAIS
BASTILLE
4
NOTRE-DAME
5
12
GRANDE MOSQUÉE
GARE D'AUSTERLITZ
BIBLIOTHÈQUE NATIONALE
GAUCHE
13
N
AÉROPORT DE PARIS-ORLY

I quartieri

Colui che attraversa Boulevard Beaumarchais e scende verso Rue Amelot sa che sta lasciando il Marais per il quartiere Bastille. Colui che supera la statua di Danton e costeggia l'alto muro posteriore dell'École de Médecine sa che sta lasciando Saint-Germain-des-Prés per entrare nel Quartiere Latino. Spesso i confini tra i quartieri di Parigi sono tracciati con questa precisione chirurgica. I punti di riferimento sono a volte dei monumenti – la rotonda della Villette, il leone di Denfert-Rochereau, la porta di Saint-Denis –, a volte le asperità del terreno – la frattura del colle di Chaillot sulla piana d'Auteuil, l'incontro delle strade che conducono in Germania e nelle Fiandre, tra la Goutte-d'Or e la collina delle Buttes-Chaumont –, altre volte, come esempio estremo, le grandi arterie, come i boulevard di Rochechouart e di Clichy. Questi tracciano una demarcazione così netta tra Montmartre e la Nouvelle-Athènes da dar vita, uno davanti all'altro, non solo a due quartieri ma a due veri e propri mondi.

Prendo in prestito l'apertura di uno dei libri più interessanti su Parigi che io abbia letto, *Parigi. L'invenzione di una città* di Eric Hazan con l'introduzione di Mario Maffi, per iniziare a raccontarvi di questi mondi che sono contenuti all'interno della capitale francese. E poi anche dei micro-mondi di transizione che collegano un quartiere all'altro, come se si incuneassero tra zone molto diverse tra loro, provando a unirle, a dare una pennellata della stessa sfumatura.

Allora, approfittando ancora del testo di Hazan:

[…] chiamerò Vecchia Parigi quella compresa all'interno di boulevard di Luigi XIV e Nuova Parigi quella che si svilupperà al di fuori. Questa città più recente sarà a sua volta divisa in due anelli concentrici. Quella parte di città compresa tra il boulevard di Luigi XIV e l'antica cinta daziaria è l'anello dei faubourg. Mentre al di là delle mura, fino ai boulevard des maréchaux, si estende l'area dei villaggi che, un tempo, disposti a raggiera, gravitavano intorno alla città. […] quando Parigi si sviluppa al di là dei propri limiti, si tratta sempre di un passaggio d'epoca che porta con sé mutamenti tecnici, sociali e politici. È come se l'alba di ogni nuova epoca rendesse all'improvviso obsoleto il precedente recinto murario e creasse scompiglio nella vita del centro storico.

Arrondissement

Parigi è suddivisa in venti arrondissement (che significa "circoscrizione"). Il numero da 1 a 20 è attribuito seguendo una spirale che inizia nel cuore di Parigi (il Louvre) e che gira in senso orario. Ogni circoscrizione ha i propri quartieri, un consiglio di amministrazione e un sindaco.

Per comodità, per orientarsi e per comprendere meglio come è organizzata Parigi, ho scelto di indicare ciò che c'è da vedere e visitare per ciascuno dei venti arrondissement. Poi però descriverò Parigi dividendola, come ha fatto Hazan, in una Vecchia Parigi e in una Nuova Parigi, separate a loro volta in riva destra e riva sinistra.

1° arrondissement "del Louvre"

Da non perdere: il Musée du Louvre, il Palais Royal con il suo giardino, il Jardin de Tuileries, l'Église Sainte-Eustache, Saint-Chapelle.

2° arrondissement "della Bourse"

Da non perdere: la torre medievale di Jean-sans-Peur, place des Victoires.

3° arrondissement "del Temple"

Da non perdere: il Musée National Picasso-Paris e il Musée des Arts et Métiers.

4° arrondissement "dell'Hôtel-de-Ville"

Da non perdere: la Cathédrale Notre-Dame de Paris, l'Hôtel-de-Ville, il Centre Pompidou, il Marais con place des Vosges.

5° arrondissement "del Panthéon"

Da non perdere: la Sorbonne Université, il Quartier Latin, l'Institut du Monde Arabe, rue Mouffetard, una delle vie più antiche della città, l'anfiteatro romano Arènes de Lutèce, la moschea.

6° arrondissement "del Luxembourg"

Da non perdere: l'abbazia di Saint-Germain-des-Prés, il Jardin du Luxembourg, il Musée National Eugène Delacroix, il Palazzo del Lussemburgo.

7° arrondissement "del Palais-Bourbon"

Da non perdere: il Musée d'Orsay, la Tour Eiffel, Les Invalides, il Musée Rodin.

8° arrondissement "dell'Élysée"

Da non perdere: gli Champs-Elysées, Parc Monceau, l'Arc de Triomphe, il Petit e il Grand Palais.

- **9° arrondissement "dell'Opéra"**
  Da non perdere: la Madeleine, l'Opéra Garnier, la Gallerie La Fayette.

- **10° arrondissement "dell'Entrepôt"**
  Da non perdere: il Canal Saint-Martin, la Gare du Nord, la Gare de l'Est.

- **11° arrondissement "di Pipincourt"**
  Da non perdere: la Bastille, rue Oberkampf, dove si trova il piccolo Musée Édith Piaf.

- **12° arrondissement "di Reuilly"**
  Da non perdere: il Bois de Vincennes, la Cinémathèque Française, la promenade plantée.

- **13° arrondissement "dei Gobelins"**
  Da non perdere: Chinatown, la collina Butte aux Cailles, la Bibliothèque Nationale de France, la Manufacture des Gobelins, la Citè de la Mode et du Design (Musée des Arts Ludiques).

- **14° arrondissement "dell'Observatoire"**
  Da non perdere: il cimetière du Montparnasse, il Parc Montsouris.

- **15° arrondissement "di Vaugirard"**
  Da non perdere: il Parc André-Citroën, il Parc Paris Expo Porte de Versailles.

- **16° arrondissement "di Passy"**
  Da non perdere: la Fondation Louis Vuitton, Passy, Palais du Trocadéro, l'Aquarium de Paris Cinéaqua.

- **17° arrondissement "di Batignolles-Monceaux"**
  Da non perdere: il Parc Monceau, Batignolles.

- **18° arrondissement "delle Buttes-Montmartre"**

  Da non perdere: la Basilique du Sacré-Coeur, Montmartre, il Moulin Rouge.

- **19° arrondissement "delle Buttes-Chaumont"**

  Da non perdere: il Parc des Buttes-Chaumont, il Canal de l'Ourcq, la Cité des Sciences et de l'Industrie.

- **20° arrondissement "di Ménilmontant"**

  Da non perdere: il Cimetière du Père-Lachaise, Belleville.

La Vecchia Parigi

La rive droite

La Senna scorre sinuosa attraverso la città di Parigi e ci è utile per suddividere la Vecchia Parigi in due grandi nuclei, quello a nord del fiume, la *rive droite*, e quello meridionale, la *rive gauche*.

La Vecchia Parigi è una città medievale in cui emergono come nuclei nel tessuto urbano il Palais-Royal con Tuileries-Saint-Honoré e Bourse e Les Halles, che è la parte più antica. Poi ci sono Sentier e il Marais.

Il quartiere **Palais-Royal** è delimitato a sud da rue de Rivoli, a ovest da rue Saint-Roch, a nord da rue des Petits Champs e da rue de la Feuillade e a est da rue Croix des Petits Champs.

A proposito di **Tuileries-Saint-Honoré**, forse non tutti sanno che nel 1946 place du Marché-Saint-Honoré fu dedicata a Robespierre, ma la decisione fu revocata solo quattro anni dopo, nel 1950.

La maggior parte degli edifici neoclassici della città si trova nel quartiere **Bourse**, uno dei più omogenei di Parigi. Date uno sguardo a rue des Colonnes in stile néo-grec.

Nella Vecchia Parigi della riva destra potete andare alla scoperta di una delle peculiarità della città, i **passages**, le gallerie coperte. Quasi tutti sono tra avenue de l'Opéra, place des Victoires, rue des Petits-Champs e i Grands Boulevards. Alcuni di essi sono rimasti come un tempo, assumendo le sembianze di musei, altri sono stati trasformati in gallerie commerciali e di lusso.

Se Émile Zola ha soprannominato il quartiere di **Les Halles** – che prende il nome dai mercati Baltard, che oggi non ci sono più – *Il Ventre di Parigi* c'è un motivo: è lì che si muovono gli infimi istinti della più povera società di Parigi, che è disposta a vendere ogni cosa pur di migliorare la propria misera vita. Il mercato coperto di Les Halles è stato distrutto negli anni Settanta e ha lasciato il posto al Forum des Halles, un centro commerciale. Ristrutturato una decina d'anni fa, oggi c'è anche una grande installazione architettonica, il Canopée, una struttura in vetro e acciaio che ricorda la vegetazione e che è stata inaugurata nel 2016. In qualche modo queste brutali demolizioni e ricostruzioni nel cuore della città, come se il quartiere non dovesse avere pace, non hanno mai fatto affezionare davvero i parigini a questa nuova struttura.

Rue Montmartre, boulevard de Sébastopol, boulevard Poissonnière, Bonne Nouvelle, rue Réaumur: qui si trova il **Quartier du Sentier**, uno dei quartieri storici di Parigi e, se avete letto Balzac, sapete che all'epoca era considerato molto pericoloso, tanto che anche le forze dell'ordine, potendo, evitavano di avventurarvisi. Oggi Sentier ha subito una riqualificazione e, così centrale com'è, da una situazione di degrado è passato a punto nevralgico non solo del turismo ma è anche sede di numerose start up in ambito informatico. Tanto da riferirsi a questa zona come a Silicon Sentier, richiamando alla mente la Silicon Valley californiana.

A Sentier, però, resta anche il commercio tradizionale, come i negozi di tessuti e di merci di vario genere, con un bazar permanente. Nel XVIII secolo la Compagnia delle Indie, che importava stoffe, aveva la sede proprio in rue du Sentier. Questa è anche l'area di Parigi in cui si trova Passage du Caire e – se ci fate caso – le strade hanno nomi che richiamano la civiltà egizia: rue du Caire, rue du Nil, rue d'Aboukir. E pure rue Montorgueil, una delle strade più amate dai parigini, si trova qui: caffè, drogherie, ristorantini, enoteche, negozi di prodotti tipici francesi. Ed è anche pedonale. Inoltre la storia di Sentier affonda le sue radici anche nella stampa quotidiana, perché tra la fine del Secondo Impero e la Grande guerra è qui che si sono concentrate le redazioni dei grandi giornali e nei piani seminterrati degli stessi edifici avevano sede gli stampatori.

Il **Marais** è uno dei quartieri più affascinanti della capitale francese, per la sua storia, la sua posizione comoda e ben servita dalla metropolitana (ci sono tante stazioni che servono più punti del Marais) e perché c'è anche stato un hype nell'ultimo decennio: è *the place to be*. Il Marais era una zona molto fertile, anche se marais in francese significa "palude", e di ciò che al tempo caratterizzava quest'area oggi non resta nulla: il Tempio, la residenza reale Hôtel Saint-Pol e l'Hôtel des Tournelles. Del primo rimane rue du Temple, nella zona in cui si trovavano i templari. Oggi questo quartiere è apprezzato anche perché non intaccato dalle distruzioni e dai rimaneggiamenti del Barone Haussmann, così che ancora adesso possiamo godere delle stradine medievali (date uno sguardo a rue des Barres e a rue du Grenier sur l'Eau, ma anche a rue Volta al civico 3) e degli hotel d'epoca.

Nel XVII secolo nacque la piazza reale place des Vosges, l'unica di tutta Parigi in cui è permesso sdraiarsi sull'erba per riposare, e una delle più belle della città: un'armonia architettonica quasi commovente. Qui, al civico 6, ha vissuto per tre lustri lo scrittore Victor Hugo. Nel Marais ha abitato anche il musicista dei Doors, Jim Morrison: al civico 17 di rue Beautreillis. Durante il XIX secolo nel Marais si è installata la comunità ebraica e ancora oggi si trovano sinagoghe, locali che vendono falafel, librerie ashkenazite, ristoranti kosher.

Al limite del Marais si trovano il Centre Pompidou (noto anche come Beaubourg) e la Fontaine Stravinsky con le parti meccaniche che si muovono e giocano con l'acqua.

Della Vecchia Parigi, sulla riva destra, fanno parte anche i **Grands Boulevards** (sulla *rive droite* ci sono anche i boulevard costruiti al posto del Mur des Fermiers généraux e i boulevards des Maréchaux, edificati dopo la distruzione della cinta di Thiers). Come ricorda Eric Hazan, i boulevard sono la scena su cui fanno la loro comparsa le novità della città moderna: dalla prima linea parigina di trasporti pubblici (la Madeleine-Bastille) ai chioschi dei giornali, dalle colonne Morris all'illuminazione a gas. Se si legge Baudelaire, nei *Fiori del male* i boulevard sono rischiarati dall'illuminazione a olio e, poi, nello Spleen di Parigi si passa alle lampade a gas, che permettono "di vivere le ore più profonde della notte". I Grands Boulevards sono i viali di Parigi per eccellenza e si trovano al posto delle fortificazioni di Carlo V e di Luigi XIII: Beaumarchais, des Filles-du-Calvaire, du Temple, Saint-Martin, Saint-Denis, de Bonne Nouvelle, Poissonnière, Montmartre, des Italiens, des Capucines, de la Madeleine. Per i parigini i boulevard sono tuttora sinonimo di passeggiate, ma immaginate la grande novità quando a metà Ottocento iniziarono a comparire lungo i marciapiedi i tavolini dei caffè. Insomma, luoghi per sostare, per guardare e farsi guardare.

LE COLONNE MORRIS

Le colonne Morris sono un elemento architettonico urbano apparso prima a Parigi e poi in altre città della Francia. Si tratta di chioschi a forma di colonna utilizzati per annunciare spettacoli teatrali e cinematografici. Prendono il nome da chi le creò alla fine dell'Ottocento, Gabriel Morris, un tipografo di rue Amelot specializzato nella produzione di manifesti pubblicitari. La prima colonna fu disegnata da Gabriel Davioud.

Alcune colonne Morris, da qualche anno, sono state riadattate e hanno la funzione di trasformare l'aria inquinata in aria pulita e di produrre energia in modo autonomo.

La rive gauche

"Sur la rive gauche on pense, sur la rive droite on dépense" (sulla riva sinistra si pensa, su quella destra si spende). E sulla riva sinistra della Senna si pensa di certo, poiché si trova non solo la Sorbonne (fondata nel 1253), ma anche l'Institut Curie, l'École Normale Superieure e le Grands écoles parigine, quindi le università private. Ma andiamo a scoprire questa *rive gauche*: i boulevard, il Quartier Latin, l'Odéon, Saint-Sulpice, Saint-Germain-des-Prés, Faubourg Saint-Germain.

L'asimmetria tra le due rive – nella Vecchia Parigi come nella Nuova – non è causata solo dalla forma del meandro del fiume che isola la riva sinistra e ne limita l'espansione" dice Eric Hazan. "Il vero motivo che sta dietro alla differenza attuale – sei arrondissement a sinistra contro quattordici a destra del fiume – è da rintracciare nei tempi diversi di sviluppo e nel ritardo dell'urbanizzazione sulla riva sinistra [...] sembra ancora addormentata nei suoi collegi, nei suoi conventi e nei suoi giardini, tanto da non apparire neppure in grado di riempire lo spazio che le è stato assegnato dai regolamenti urbanistici.

I PIÙ BEI PASSAGES COUVERTS
DI PARIGI

Le prime passeggiate coperte di Parigi nacquero alla fine del Settecento, quando nella zona del Palais Royal aprirono le boutique che trasformarono i porticati di quello che era chiamato un tempo Palais Cardinal, poiché voluto e fatto costruire dal cardinale Richelieu. Si contano oltre centocinquanta passage a Parigi a cavallo tra XIX e XX secolo, oggi ne restano una ventina poiché soppiantati all'inizio del XIX secolo dalle Gallerie Printemps e Lafayette. Controllate gli orari di apertura e di chiusura prima di recarvi a visitarli.

** **Galerie Véro-Dodat** si trova vicino al Palais Royal e al Musée du Louvre. Collega rue du Bouloi con rue Jean-Jacques Rousseau.

** **Les Arcades des Champs Élysées** risalgono agli anni Venti e sono una galleria rivestita in marmo biondo e nero con applicazioni in bronzo, con un soffitto di vetro sorretto da colonne sempre di marmo.

** **Passage Brady** è soprannominato la "Little India" di Parigi. Quando fu costruito nel 1828 univa rue du Fauburg Saint-Denis con rue du Fauburg Saint-Martin, poi fu diviso in due parti, una coperta e una scoperta. Oggi propone cibo indiano e pakistano, ma anche negozi di gioielli. L'ingresso è al 33 di boulevard de Strasbourg.

** **Passage Choiseul** è molto frequentato grazie all'ampia offerta di ristoranti. Louis-Ferdinand Céline ha avuto qui il suo studio tra i civici 64 e 67. L'ingresso è da rue des Petits Champs, al civico 40.

** **Passage (o Galerie) Colbert** risale al 1826 e ospita alcuni locali della Sorbonne. Da ammirare le decorazioni Art Nouveau della brasserie Le Grand Colbert. L'ingresso principale del passage è al 6 di rue des Petits Champs.

** **Passage du Grand Cerf** ha l'ingresso in rue Saint-Denis e, entrando, noterete la sua notevole altezza. Si trovano boutique di artigiani e di gioielli.

** **Passage des Panoramas** è stato aperto nel 1799 e collega boulevard Montmartre alla Bourse. La sua architettura è particolare poiché presenta due sale circolari sormontate da una cupola, un tempo dipinte con paesaggi, da cui deriva la denominazione "panoramas". Oggi è uno dei passage più ricchi di caffè per fare una sosta al coperto: qui si trova anche il Caffé Stern, oggi classificato Monumeto storico. Si può entrare dall'11-13 di boulevard Montmartre o dal civico 151 di rue Montmartre. Non perdetevi l'occasione di cenare qui! E andateci anche se siete appassionate di filatelia.

- **Passage du Caire** è uno dei più antichi ancora esistenti in città. Costruito nel 1798, si chiama in questo modo per le decorazioni e perché ai tempi della spedizione d'Egitto a Parigi e in tutta la Francia era scoccato l'amore per la civiltà egizia. Sulla facciata al 2 di place du Caire si trova la testa di Hathor, una delle divinità egizie. Gli ingressi sono anche al 16 di rue du Caire e al 239 di rue Saint-Denis.
- **Passage du Havre** si trova tra la stazione dei treni Saint-Lazare e Le Printemps. È molto commerciale ed è stato completamente rinnovato negli anni Novanta. L'ingresso è al 69 di rue de Caumartin.
- **Passage Jouffroy** è stata la prima galleria – nel 1836 – a essere realizzata interamente in metallo con la copertura a volta a ogiva in vetro. Superstiti, qui, ancora alcuni negozi storici, come quello dei giochi, quello specializzato in riviste cinematografiche e locandine (al civico 58) o quello che vende antichi fucili. Qui ha sede anche l'Hôtel Mercure Ronceray in cui visse il compositore Gioachino Rossini negli anni Trenta dell'Ottocento, durante i quali compose il Guglielmo Tell. Gli ingressi sono dal 10-12 di boulevard Montmartre e dal 9 di rue de la Grange Batelière.
- **Passage Verdeau** è un prolungamento del Jouffroy fino a rue du Faubourg Montmartre. Potete trovare libri antichi, macchine fotografiche, negozi che vendono ricami e arredamento d'epoca.
- **Passage (o Galerie) Vivienne** è contemporaneo del Colbert ed è rimasto uno dei più eleganti di Parigi: pavimento mosaicato e copertura in vetro. Date uno sguardo alla boutique Legrande, una drogheria e cioccolateria.
- **Passage Vivienne** affaccia su tre strade: rue des Petits Champs, rue de la Banque e rue Vivienne.
- Tra i passages di Parigi, ricordiamo anche **Passage du Prado** nel quartiere di Faubourg Saint-Denis e il **Passage du Ponceau** che collega Rue Saint-Denis e Boulevard de Sébastopol.

Il **Quartier Latin** è ancora oggi il simbolo della vita universitaria parigina e deve il suo nome proprio al fatto che in passato accademici e studenti che lo frequentavano parlassero il latino. Boulevard Saint-Michel o Boul'Mich – come è chiamato dai giovani – è la via più vivace del quartiere. All'incrocio con place Saint-André-des-Arts si trova la maestosa fontana con la statua in bronzo di San Michele, punto di ritrovo degli studenti.

Purtroppo, anche in seguito alle chiusure forzate dovute all'emergenza sanitaria causata dal Covid-19, sono molte le realtà più piccole che hanno tirato giù per sempre le saracinesche dei propri negozi in questo quartiere. Soprattutto le librerie indipendenti. Secondo i dati dell'Atelier parisien d'urbanisme (Apur) il 42% delle librerie del Quartier Latin è sparito nell'ultimo ventennio. Ed è un peccato, tanto più perché storicamente se Sentier è stata la zona delle redazioni dei giornali, nel Quartier Latin si raggruppavano tutte le case editrici della città, in particolare su rue Saint-Jacques, Galande, Serpente, des Poitevins, des Anglais e place de la Sorbonne.

Insomma, quello che non ha fatto il Barone Haussmann con la distruzione di questo quartiere, che è stato risparmiato, lo ha fatto la pandemia, che ha affiancato l'erosione culturale iniziata negli anni Ottanta – secondo lo storico e geografo Michel Carmona – la quale ha trasformato la zona in un punto di riferimento turistico, spesso snaturandolo. Inoltre, i prezzi delle case sono aumentati così tanto che certo non sono più abitate da studenti, che arrivano qui solo di giorno come pendolari per frequentare le lezioni. E, infatti, i nuovi campus universitari sono in periferia. I residenti del Quartier Latin sono quindi persone di passaggio, in transito, persone danarose che hanno un pied-à-terre in città ma che non partecipano alla vita culturale della stessa o turisti che affittano per pochi giorni gli appartamenti. Pare che Parigi sia la città con le case al metro quadrato più care del mondo.

Secondo alcuni testi, l'**Odéon** fa parte del Quartier Latin, secondo altri ha una vita a sé, un triangolo isoscele compreso tra Luxembourg, rue Monsieur-le-Prince e rue de Condé. Certo è che il carrefour de l'Odéon è stato uno dei punti di ritrovo più animati e popolari della città. E se poi dal Luxembourg vogliamo andare a Saint-Germain-des-Prés, dobbiamo percorrere il piccolo quartiere di Saint-Sulpice: per esempio lungo rue Servandoni (dove ha abitato Roland Barthes), rue Garancière o rue Férou.

Saint-Germain-des-Prés è il ventesimo e ultimo quartiere definito dall'ordinanza del 1702, e si sviluppa intorno all'abbazia benedettina che un tempo aveva mura merlate. In questa area della Vecchia Parigi della *rive gauche* si trova anche un faubourg che sobborgo non è: **Faubourg Saint-Germain**, compreso tra rue des Saint-Pères e Boulevard des Ivalides. Non è un sobborgo perché i faubourg propriamente detti erano quelli che man mano si andavano popolando, allargando la superficie della città di Parigi, mentre Faubourg Saint-Germain si trova all'interno della città già formata.

La Nuova Parigi

Una nuova cinta di boulevard è quella che segue il Mur des Fermiers généraux, costruito dal 1784 in poi da Claude-Nicolas Ledoux, architetto e urbanista francese. Si tratta della cinta daziaria di Parigi, eretta appunto alla vigilia della Rivoluzione francese. A differenza delle altre cinte murarie, che servivano per garantire la difesa di Parigi, questa doveva assicurare il pagamento del dazio sulle merci che entravano nella capitale. Il muro fu demolito circa ottant'anni dopo, nel 1860, quando la città si allargò, ma i boulevard rimasero.

Negli anni Venti fu demolita la cinta di Thiers e fu creata una terza cintura di boulevard che faceva il giro di tutta Parigi. Le vie di questo nuovo anello (Boulevards des Maréchaux) furono chiamate con i nomi dei marescialli del Primo Impero e costituirono la cinghia di Parigi fino ai tempi del Boulevard Périphérique, che forma un anello a quattro o più corsie per ciascun senso di marcia, è lungo oltre 35 chilometri, è stato inaugurato nel 1973 e oggi delimita i confini di Parigi rispetto ai comuni limitrofi.

Infine, ci sono i **Boulevards Haussmanniens**, che formano come dei tagli nel tessuto urbanistico di Parigi e non hanno occupato spazi liberi lasciati da una cinta muraglia abbattuta, ma sono stati costruiti appositamente. I boulevard non circondano in questo caso la capitale, ma diventano l'asse strutturale della circolazione di Parigi. Si riconoscono a un primo sguardo anche la prima volta che si arriva a Parigi per le lunghe file di palazzi con le facciate in arenaria color crema, estratta dalle cave dell'Oise, le finestre tutte simili se non uguali e i tetti spioventi in ardesia (con quelle che erano le mansarde per la servitù) che hanno donato alla capitale francese il suo fascino senza tempo. A metà dell'Ottocento, in meno di vent'anni – sotto Napoleone III – con Georges-Eugène Haussmann Parigi è passata da essere una città medievale a una capitale europea.

Della città nuova, sulla riva destra della Senna, fanno parte i faubourg: Champs-Elysées, Faubourg Saint-Honoré, Faubourg Saint-Antoine, Popincourt e Faubourg du Temple, Faubourg Saint-Martin e Faubourg Saint-Denis, Faubourg Poissonnière e Faubourg Montmartre, Saint-Georges e la Nouvelle Athènes (che un tempo era chiamato quartier des Porcherons e deve il suo attuale nome al tocco che gli architetti hanno messo nelle costruzioni di questa zona), la piana Monceau.

Ora andiamo verso i faubourg della riva sinistra della Senna che, come abbiamo già accennato, furono inclusi nella città di Parigi quando venne abbattuta la cinta daziaria. E sono sobborghi senza esserlo, perché erano già abitati e parte integrante della città. Se oggi alla Salpêtrière, all'Observatoire, nei pressi del mercato Daguerre e nelle strade intorno a rue du Cherche-Midi ci sono alcune delle abitazioni più costose di Parigi, quando questa zona fu annessa alla città era considerata tra le più pericolose e le più degradate in cui avventurarsi.

I faubourg della riva sinistra sono: Faubourg Saint-Marcel, Faubourg Saint-Jacques, Montparnasse.

L'ultimo ampliamento di Parigi fu quando la città inglobò alcuni dei comuni limitrofi, come dei satelliti della capitale con i suoi faubourg. Sulla *rive droite*: Passy e Auteuil, Batignolles e Clichy, Montmartre, Goutte-d'Or (che per alcuni è parte di Montmartre), la Chapelle e la Villette, Buttes-Chaumont, Belleville e Ménilmontant, Père-Lachaise e Charonne, Bercy. Sulla *rive gauche*: Vaugirard e Grenelle, Plaisance, Denfert-Rochereau, la Butte-aux-Cailles e il Quartier Italie.

I migliori quartieri in cui alloggiare a Parigi

Chi torna a Parigi e ha trovato una sistemazione in cui si è trovato bene tende a ripetere la scelta. Perché gli hotel di Parigi spesso propongono stanze piccole e molti stabili sono senza ascensore. C'è chi invece preferisce fare base ogni volta in un quartiere differente per scoprire diverse sfaccettature della città.

Ci sono alcuni quartieri che si distinguono per le loro peculiarità e che per questo potrebbero rispecchiare di più i vostri gusti. Eccoli.

Il **Quartier Latin** si trova sulla *rive gauche*, tra il 5° e il 6° arrondissement. È una delle aree più antiche della città, zona multicolore in cui sbizzarrirsi con i piccoli caffè. Alta presenza di studenti universitari perché è qui che ha sede la Sorbonne. Troverete alberghi e B&B romantici e tradizionali, dalle due alle quattro stelle.

Saint-German-des-Prés si trova nel 6° arrondissement ed è da sempre apprezzato dagli intellettuali. Troverete molti caffè letterari. È una zona molto interessante da scegliere come base del proprio viaggio parigino. Le sistemazioni vanno dalle due alle quattro stelle.

Montmartre è il quartiere degli artisti, la cui celebrità è stata confermata dal film Amélie, che lo ha fatto amare a tutti. Mercatini, pittori che dipingono su place du Tertre, ristorantini, tanti negozi di souvenir. Qui troverete sistemazioni un po' per tutte le tasche, ma se cercate qualcosa di economico è più facile imbattersi in sistemazioni con il bagno in comune.

Le Marais è uno dei miei preferiti in cui soggiornare a Parigi. È il più bohème della città. Siamo tra il 3° e il 4° arrondissement. Tanti i locali alla moda, negozi, gallerie d'arte e boutique di stilisti e di designer emergenti. Se vi accontentate, potreste trovare qualche sistemazione nelle mansarde e forse con il bagno in comune, altrimenti aspettatevi alberghi di lusso.

Bastille non è lontano dal Marais ed è un quartiere ben servito, buona scelta come base del proprio viaggio a Parigi. Ci sono sia grandi vie che piccole stradine ed è ricco di brasserie. Potreste trovare anche in questo caso alloggi a buon prezzo, ma in cui è necessario scendere un po' a compromessi, o sistemazioni più costose.

Opéra/Grands Boulevards/Bourse: ecco le zone più chic di Parigi e in cui di solito vi trovano una sistemazione se avete organizzato un viaggio di nozze o un tutto compreso di alto livello. Ristoranti gourmet, bou-

PIERRE DE TAILLE, IL CONCIO

Parigi è conosciuta per la qualità dei suoi edifici in *pierre de taille*, di solito in *calcaire lutétien* (chiamato anche *calcaire grossier*). La *pierre de taille* è una pietra in cui tutte le facce sono tagliate per renderle dritte. La potete notare utilizzata soprattutto negli immobili post-haussmannien, tradizionali della capitale francese.

tique di lusso, grandi catene della moda, gallerie, teatri. Gli alberghi sono in media i più costosi ed eleganti.

Passy/La Motte Picquet Grenelle sono le due aree da cui godere al meglio della Tour Eiffel, il simbolo della capitale francese. Molti negozi e ristoranti di cucina francese. Troverete alberghi dalle tre alle cinque stelle.

Per consultare l'elenco degli alberghi che vi consiglio, andate a pagina 135.

In viaggio da sola: i quartieri da evitare di notte

Lo scrivo sempre nei miei libri di viaggio: ci vuole buonsenso. Siamo in giro per trascorrere dei giorni sereni e quindi evitiamo di andare incontro al pericolo. Nessun allarmismo, ma se possiamo è meglio evitare di frequentare zone meno raccomandabili in cui potremmo più facilmente imbatterci in gruppi che ci danno fastidio (proprio come succede nelle nostre città), o in borseggiatori. Quindi niente panico ma antenne dritte.

Vediamo insieme quali potrebbero essere le zone da evitare di notte e da sole.

Per esempio, le stazioni dei treni perché – proprio come da noi – sono luoghi che con il calar della sera possono diventare dormitori o possono raccogliere situazioni di degrado. Le stazioni più isolate sono le meno sicure. Se dovete prendere un treno della RER cercate sempre di non restare da sole.

Il métro mette un po' di inquietudine a tutti quando è buio. Di solito scegliamo un albergo che abbia una stazione della metropolitana vicino così da essere più comode con gli spostamenti. Però può accadere che si rientri tardi e ci tocchi usare questo mezzo. Anche in questo caso nessun allarmismo, scegliamo il vagone del treno con più gente all'interno o, se non siamo sicure, preferiamo un taxi. Le stazioni che possono dare qualche pensiero in più sono Gare Montparnasse e Gare du Nord.

Se gli Champs-Élysées sono sfavillanti e percorsi da tantissimi turisti durante le ore di aperture dei negozi, di sera assumono un aspetto completamente diverso. Le ore serali e notturne sono quindi quelle preferite dai borseggiatori. Cambiate serenamente strada se vedete già da lontano qualche gruppetto che non vi convince.

Altre zone centrali che con il buio si svuotano anche se siamo abituate a vederle colme di viaggiatori e curiosi durante il giorno sono Chatelet/Les Halles. Qui di sera si trovano soprattutto artisti di strada e personaggi stravaganti, a volte ci vuole un occhio in più sempre aperto. Prudenza, mi raccomando.

La zona nord di Parigi, in particolare il 18° e il 19° arrondissement della città, è composta di quartieri molto animati ma anche frequentati da persone eccentriche e bizzarre, che molto probabilmente baderanno solo a sé, ma non potendo immaginare è meglio fare un altro giro o cambiare strada. Mi riferisco in particolare all'area intorno al métro Barbès-Rochechouart e a Pigalle, il quartiere a luci rosse della città, che se di giorno è frequentato da chi transita per raggiungere Abbesses e Montmartre, di sera è preferito da chi cerca locali appunto a luci rosse, quelli che vedete sempre sprangati durante le ore diurne.

È difficile che per un viaggio turistico di pochi giorni si vada in una banlieue, cioè nelle zone più periferiche della città, ma anche qui ci sono zone interessanti. Alcune strade possono essere abbandonate a se stesse e si può incontrare del degrado o anche delle tendopoli da cui è preferibile restare alla larga proprio per prevenire qualche incidente non gradevole. Alcune banlieue sono per esempio Saint-Denis (dove si trova la bella cattedrale), Clichy, Bobigny e Aubervilliers.

Gli imperdibili in 10 suggestioni

Il primo viaggio a Parigi

Il **Musée du Louvre** (☑ rue de Rivoli e quai des Tuileries, 🖥 www.louvre.fr) e il **Jardin des Tuileries** rappresentano un passaggio imprescindibile per la prima volta nella capitale francese. Organizzatevi in modo tale da toccare queste due tappe nella stessa giornata perché il Louvre è un museo davvero molto impegnativo e cercate di segnarvi, mappa alla mano, tutto ciò che desiderate vedere così da organizzare un tour sensato. Impossibile avere dubbi: l'opera più vista del Louvre è *La Gioconda* di Leonardo da Vinci, che si trova nella sala 6, primo piano, ala Denon. Da non perdere le sale dalla 75 alla 77 in cui si possono ammirare *La zattera della Medusa* di Géricault, *La grande odalisca* di Ingres e *L'incoronazione di Napoleone* I di Jacques-Louis David. Raffaello, Tiziano e Paolo Uccello sono nelle sale 1, 3, 5, 8. Al piano terra dell'ala Denon si trovano due sculture di italiani: *Schiavo morente* di Michelangelo e *Amore e Psiche* di Canova. I fiamminghi e gli olandesi (Rubens e Bruegel il Vecchio) sono al secondo piano dell'Ala Richelieu. La scultura *Venere di Milo* si trova nella sala 16, piano terra, ala Sully; la *Nike di Samotracia* sovrasta lo scalone Daru al primo piano dell'ala Denon. Per quanto riguarda l'antichità, il *Codice di Hammurabi* è nella sala 3, piano terra, ala Richelieu.

- Se Roma e l'Italia hanno come simbolo il Colosseo, ovvero l'Anfiteatro Flavio, così Parigi e l'intera Francia hanno la **Tour Eiffel** (☑ Champ de Mars, 5 av Anatole France, 💻 www.toureiffel.paris/it). Per ammirare la torre metallica da prospettive diverse dal solito, vi consiglio di leggere il capitolo dedicato ai luoghi da selfie a pagina 216.

- Alla **Cathédral Notre-Dame de Paris** (☑ 6 Parvis Notre-Dame, place Jean Paul II, 💻 www.notre-damedeparis.fr) è in corso l'importante intervento di restauro in seguito all'incendio del 15 aprile 2019. Se desiderate accendere una candela, potete fare la richiesta direttamente sul sito web e inserire la vostra preghiera: 💻 paiement.notredamedeparis.fr/produit/allumer-une-bougie. Vi consiglio di fare comunque un giro nei dintorni di Notre-Dame perché la chiesa si trova in una posizione molto bella nel cuore di Parigi.

- L'avenue des **Champs-Élysées** è uno dei più larghi viali della capitale francese e una delle strade dello shopping più famose del mondo. La prima volta che si visitano si resta a bocca aperta. Il viale è la prosecuzione di rue de Rivoli e corre da place de la Concorde a est a place Charles de Gaulle a ovest, dove si trova l'Arc de Triomphe de l'Étoile. Ogni prima domenica del mese, il viale è chiuso al traffico. Indossate buone scarpe e percorretelo tutto avanti e indietro.

- Il castello che si vede nel centro di Parigi ed è facilmente riconoscibile quando osservate la città dall'alto è l'**Hôtel de Ville** (☑ place de l'Hôtel de Ville, 🖳 www.paris.fr), la sede del Comune dal 1357 e del sindaco dal 1977. L'edificio originale ha ricevuto numerosi rimaneggiamenti ed era diverso rispetto a quello che vediamo oggi. L'ultima ristrutturazione importante risale al 1880. All'interno sono spesso ospitate esposizioni temporanee gratuite di fotografia. Per richiedere una visita si può telefonare al numero +33(0)142765404. Durante le festività natalizie, di fronte al Municipio viene installata una pista di pattinaggio molto coreografica.

■ Simbolo del patriottismo francese è l'**Arc de Triomphe** (☑ place Charles de Gaulle, 🖳 www.paris-arc-de-triomphe.fr) ai piedi del quale si trova la Tomba del milite ignoto che commemora i soldati francesi caduti durante la Prima guerra mondiale. Nell'autunno 2021 per alcune settimane è stato "impacchettato" su progetto dell'artista Christo, scomparso l'anno precedente. L'Arc de Triomph è amato soprattutto per la vista che si gode dall'alto grazie alla sua posizione.

■ Il **Palais-Royal** di Parigi (☑ 8 rue Montpensier, 🖳 www.domaine-palais-royal.fr) è un insieme monumentale che comprende il palazzo con i suoi giardini, le gallerie con numerosi negozi e un teatro. Dal 1994 è Monumento storico di Francia. Uno dei luoghi più visitati dal 1986 è il cortile del palazzo (che fino a quel momento era stato un parcheggio) in cui è installata l'opera di Daniel Buren. Si tratta di una serie di colonne, *Les Deux Plateaux*, note come Le Colonne di Buren, che occupano un'area di tremila metri quadrati, tra cui parte dei sotterranei del Consiglio di Stato in cui scorre l'acqua, visibili dalle inferriate del cortile.

■ Boutique di lusso, meravigliosi edifici e l'aria di Parigi: se non siete mai state in città, dovete venire a passeggiare e a guardare le vetrine dei negozi in **place Vendôme**. Nel 1810, dopo la Rivoluzione francese, la statua di Luigi XIV al centro della piazza fu sostituita da una colonna di bronzo alta 44 metri e ispirata alla Colonna Traiana di Roma. Sulla piazza affaccia il rinomato Hôtel Ritz (☑ 15 place Vendôme, 💻 www.ritzparis.com).

■ La più antica piazza di Parigi si trova nel Marais ed è **place des Vosges**. Ciò che colpisce di più è la parete continua che formano i nove caseggiati su ciascuno dei quattro lati della piazza. Al piano strada si trova un porticato perfetto per le passeggiate al coperto nei giorni di pioggia, tra caffetterie e gallerie d'arte. Al centro della piazza c'è un giardino con un monumento a Luigi XIII. Fino alla Rivoluzione francese, la piazza si chiamava place Royale ed era un luogo molto amato dall'aristocrazia parigina.

■ Suggerire di visitare il **Quartier Latin** di Parigi comprendo che sia un consiglio un po' vago, ma tra le pagine di questa guida trovate tanti dettagli per costruire al meglio la vostra passeggiata. Indicare il Quartier Latin tra gli imperdibili del primo viaggio a Parigi è per spingervi anche sulla riva sinistra della Senna, che di solito, con pochi giorni a disposizione, si tende a escludere ed è un vero peccato. Il Quartier Latin ingloba parte del 5° e del 6° arrondissement, più o meno da Saint-Germain-des-Prés al Jardin du Luxembourg. Lasciatevi trasportare dall'atmosfera che si respira in questa zona.

I musei da non perdere

■ Il **Musée d'Orsay** (☑ 1 rue de la Légion d'Honneur, 🖥 www.musee-orsay.fr) custodisce la più ricca collezione di opere impressioniste e post-impressioniste, con pezzi di Monet, Renoir e Cezanne. Oltre alle collezioni, che si arricchiscono di nuove opere di anno in anno, interessante anche la costruzione, una vecchia stazione ferroviaria rinnovata da Renaud Bardon negli anni Settanta.

■ Il **Musée Carnevalet** (☑ 23 rue de Sévigné, 🖥 www.carnavalet.paris.fr) si trova nel cuore del Marais ed è costituito da due stabili collegati da una galleria che si trova al primo piano: l'Hôtel Carnevalet e l'Hôtel Le Peletier de Saint-Fargeau. Si tratta del museo della storia di Parigi, dalle origini a oggi, e spesso propone esposizioni temporanee di pittura e di fotografia. Potete anche fare una pausa nel ristorante Les Jardins d'Olympe (🖥 www.lesjardinsdolympe.com).

■ Il **Musée National Picasso-Paris** (☑ 5 rue de Thorigny, 🖥 www.museepicassoparis.fr) è una galleria d'arte interamente dedicata a Picasso e ha sede nell'Hôtel Salé, nel quartiere Marais. La collezione – che non è esposta contemporaneamente ma a rotazione – si compone di oltre cinquemila opere. Ci sono anche mostre temporanee dedicate di volta in volta ad alcuni aspetti della vita e del lavoro del pittore.

■ Uno di quelli che trovo molto romantici e apprezzo di più è il **Musée Rodin** (☑ 77 rue de Varenne, 🖥 www.musee-rodin.fr). Aperto nel 1919, è dedicato allo scultore Auguste Rodin e parte delle opere esposte sono nel bellissimo giardino in cui i parigini arrivano verso il tramonto, d'estate, portando un piccolo cesto per un aperitivo. Tra le opere qui presenti di Rodin: *Le Penseur*, *La Porte de l'Enfer*, *Le Baiser*. Una zona del museo è dedicata alle esposizioni temporanee. Dal giardino si può godere di uno scorcio sulla Tour Eiffel.

- Il **Musée Marmottan Monet** (☑ 2 rue Louis-Boilly, 💻 www.marmottan.fr) si trova a Passy ed è dedicato all'impressionismo e all'arte francese dell'Ottocento. Oltre alle opere di Claude Monet, si possono ammirare lavori di Renoir, Degas, Pissarro, Boudin, Manet, Gauguin e Morisot.

- Il **Musée de l'Orangerie** (☑ Jardin des Tuileries, angolo occidentale, 💻 www.musee-orangerie.fr) nasce nel XIX secolo con l'intento di proteggere – come dice il suo stesso nome – gli aranci del giardino dal freddo dell'inverno. Qui si trovano, tra l'altro, otto enormi tele del ciclo delle Ninfee di Claude Monet. Le due sale ovali dell'ultimo piano sono straordinarie. Al piano terra si può ammirare la collezione di Paul Guillame: ci sono tra l'altro dei Cézanne, un'opera di Gauguin, dei Matisse e 25 lavori di Renoir.

- Il **Musée des Arts et Métiers** (☑ 60 rue Réaumur, 💻 www.arts-et-metiers.net) ha sede nel Marais e si dipana sulle tracce degli inventori e degli avventurieri della storia delle scienze e delle tecniche, tanto che – istituito nel 1794 – è il più antico museo di questo tipo in tutta Europa. Può essere interessante anche per una visita con i bambini. Nella Église Saint-Martin des Champs, sede iniziale del museo e ancora oggi parte di esso, sono custoditi due tesori: l'originale pendolo di Foucault (la copia di trova al Panthéon) e il monoplano di Luois Blériot per la prima trasvolata del Canale della Manica nel 1909.

A Parigi c'è un museo incantato, perfetto per una visita con i bambini: è il **Musée des Arts Forains** (✅ 53 av des Terroirs de France, 🖥 www.arts-forains.com) e si trova nei Pavillons de Bercy. Troverete delle antiche giostre che vi faranno perdere la testa. È davvero un luogo magico. Attenzione perché le visite sono solo su prenotazione, ma sul sito ci sono tutte le indicazioni utili. Bellissimo da visitare durante le festività natalizie.

Se non sono in corso esposizioni temporanee, l'ingresso al **Musée de la Vie Romantique** (✅ 16 rue Chaptal, 🖥 www.museevieromantique.paris.fr) è gratuito. E potete anche fare una sosta per un tè e un pasticcino nel caffè del museo, che dalla primavera all'autunno ha i tavoli nel giardino del palazzo rosa con le persiane verdi. In questa casa nel Marais visse la scrittrice George Sand con il pittore Ary Scheffer e il suo salotto era frequentato da Delacroix e Chopin.

Il **Musée National Eugène Delacroix** (✅ 6 rue de Furstemberg, 🖥 www.musee-delacroix.fr) ha sede dove si trovava l'atelier-abitazione dell'artista. Sono presenti dipinti, schizzi, bozze, litografie, oggetti personali, scritti, lettere e le tavolozze di Delacroix. Con il biglietto del Louvre avete libero accesso anche a questo museo nell'arco della stessa giornata, e viceversa, per cui può essere utile per evitare la coda alle biglietterie del Louvre.

Parchi e giardini

Da appassionata di giardini botanici in tutto il mondo, il **Jardin des Plantes** di Parigi (✅ place Valhubert, 57 rue Cuvier e 36 rue Geoffroy-Saint-Hilare, 🖳 www.jardindesplantes.net) è uno dei miei spazi verdi preferiti in città ed è il principale orto botanico di Francia. Pensato come giardino di erbe officinali per Luigi XIII nel Seicento, si estende per 28 ettari. Una delle passeggiate più belle, soprattutto d'estate quando c'è il sole, è sotto a una delle due lunghe file di platani lungo i lati del giardino. Date anche un'occhiata alle serre (Grandes Serres), al Muséum National d'Histoire Naturelle e alla Ménagerie, un piccolo zoo.

▧ I parigini lo chiamano Luco, per noi è il **Jardin du Luxembourg** (🖳 www.senat.fr/visite/jardin), i giardini alla francese del Palais du Luxembourg. È molto amato dai parigini, che apprezzano fare una pausa pranzo con una baguette farcita riposando sulle panchine del parco. Qui si trova anche la Fontaine Médicis.

▧ Nel cuore di Parigi, sulla *rive droite*, si trova il **Jardin des Tuileries** (✅ rue de Rivoli), tra il Louvre e place de la Concorde. Voluto da Caterina de' Medici come giardino del Palais des Tuileries a metà del Cinquecento, fu poi aperto al pubblico un secolo più tardi e divenne parco pubblico dopo la Rivoluzione. A disegnare i giardini fu l'architetto paesaggista André Le Nôtre, a cui si devono anche quelli di Vaux-le-Vicomte e Versailles. Qui hanno sede il Musée de l'Orangerie e Jeu de Paume (✅ 1 place de la Concorde, 🖳 www.jeudepaume.org) che ospita mostre fotografiche e che era il luogo in cui si organizzavano le partite di pallacorda.

▧ A est di Parigi si estende il **Bois de Vincennes** (✅ bd Poniatowski), un vasto giardino all'inglese con numerose attrattive. L'area che occupa è di 995 ettari: quattro volte Hyde Park a Londra e tre volte Central Park a New York, per rendervi l'idea della dimensione. Il Bois de Vincennes era la riserva di caccia dei re di Francia e Napoleone III lo rese parco pubblico nel 1860. Al suo interno si trovano il Parc Floral de Paris (☑ Esplanade du Chateau de Vincennes e route de la Pyramide, 🖥 www.parcfloraldeparisjeux.com) con i suoi laghi con ninfee, il Parc Zoologique de Paris (☑ tra av Daumesnil e route de Ceinture du Lac Daumesnil, 🖥 www.parczoologiquedeparis.fr), Lac Daumesnil, dove si possono noleggiare le barche da metà febbraio a metà novembre, Château de Vincennes (☑ 1 av de Paris, 🖥 www.chateau-de-vincennes.fr) e l'Hippodrome de Vincennes (2 route de la Ferme, 🖥 www.vincennes-hippodrome.com).

■ A ovest di Parigi, invece, si estende il **Bois de Boulogne** (☑ bd Maillot) di poco più piccolo del Bois de Vincennes. Nel XIX secolo il barone Haussmann vi fece piantumare quattrocentomila alberi prendendo ispirazione da Hyde Park. I parigini amano frequentarlo non solo per l'area verde, ma perché mette a disposizione 15 chilometri di piste ciclabili e 28 percorribili a cavallo. Non è consigliabile frequentarlo quando cala la sera. Qui hanno sede il famoso Stade Roland Garros-Musée de la Fédération de Tennis (☑ 2 av Gordon Bennett, 🖥 www.fft.fr), la Fondation Louis Vuitton (☑ 8 av du Mahatma Gandhi, 🖥 www.fondationlouisvuitton.fr), il romantico (e amato da Maria Antonietta) Parc de Bagatelle (☑ route de Sèvres à Neuilly) da visitare in maggio per gli iris, ad agosto per le ninfee e tra fine maggio e inizio ottobre per le rose, ma anche il Jardin Shakespeare, un vero e proprio teatro vegetale, il Jardin d'Acclimatation (☑ av du Mahatma Gandhi, 🖥 www.jardindacclimatation.fr), frequentato da famiglie con bambini, e il Lac Inférieur (✅ Carrefour du Bout des Lacs), dove si possono noleggiare delle barchette a remi.

■ Riconoscete **Parc Monceau** (✅ 35 bd de Courcelles) dalla rotonda in stile neoclassico, il pavillon de Chartres, all'ingresso principale. All'interno si trovano un ponte ispirato a quello di Rialto a Venezia, una piramide in stile egizio, il meraviglioso colonnato corinzio della Numachia e una giostra a carosello.

■ Il **Parc de Bercy** (✅ 128 Quai de Bercy, rue Paul Belmondo, rue de l'Ambriosie e rue François Truffaut) si sviluppa lungo la *rive droite* della Senna ed è suddiviso in tre aree: Les Parterres, che sono nove giardini quadrati utilizzati a scopo pedagogico; La Grande Prairie, con prati liberi in cui rilassarsi o giocare a palla, dove si trovano il Palais omnisports de Paris-Bercy e la Cinémathèque Française e il museo del cinema; Le Jardin Romantique, che si raggiunge percorrendo una passerella nella zona est del parco. In quest'ultima zona si trovano il Pavillon du Lac, il belvedere e la Passerelle Simone de Beauvoir porta nella zona chiamata Jardin Romantique dove si trova la Bibliothèque Nationale de France. Un tempo qui erano situati i più famosi magazzini di vini della città.

■ Mi piace in modo particolare il **Parc des Buttes-Chaumont** (✅ rue Manin e rue Botzaris) con le sue colline ripide, il lago con l'isolotto su cui si trova il Tempio della Sibilla, le cascate. A riqualificarlo – era una discarica! – fu il barone Haussmann per l'Esposizione Universale del 1867. Qui passa ancora una parte della Petite ceinture, la linea ferroviaria che nell'Ottocento correva intorno a Parigi.

- Il **Parc de la Villette** (✅ 211 av Jean Jaurès, 💻 lavillette.com) non è solo un parco ma un importante centro culturale cittadino: qui, infatti, ogni anno sono organizzati concerti di musica jazz, classica, pop, rock, elettronica, circhi, mostre, proiezioni di film all'aperto d'estate e rappresentazioni teatrali. Nel parco si trovano la Grande Halle, Le Zénith (💻 www.le-zenith.com), il Cabaret Sauvage (💻 www.cabaretsauvage.com) e la Cité de la Musique – Philarmonie de Paris (💻 www.philarmoniedeparis.fr). Un luogo ideale per i più piccoli è la Cité des Sciences (✅ 30 av Corentin Cariou, 💻 www.cite-sciences.fr).

- Il **Parc de Belleville** (✅ rue des Couronnes e rue Piat) è tanto bello quanto poco conosciuto, soprattutto da chi visita Parigi di passaggio. Notevoli le piante di vite, i roseti e la cascata. Per i bambini è un luogo ideale per il villaggio di legno. Per una bella vista sulla città, potete salire in cima alla collina dove si trova una terrazza semicircolare.

Le icone architettoniche

- La cupola del **Panthéon** (✅ place du Panthéon, 💻 www.paris-pantheon.fr) è uno dei simboli più conosciuti e riconoscibili della capitale francese. L'edificio neoclassico fu voluto da Luigi XV e dopo la Rivoluzione francese ha assunto soprattutto il ruolo di cripta per i grandi pensatori di Francia. Riposano qui Rousseau, Voltaire, Hugo, Braille, Marie Curie. All'interno, che scende dal centro della cupola, si trova la riproduzione del pendolo di Foucault.

- Sono due le piramidi da ammirare a Parigi, entrambe progettate dall'architetto Ieoh Ming Pei: la

Grande Pyramide del Louvre (www.louvre.fr), proprio all'ingresso principale del museo, e la **Pyramide Inversée**, la piramide capovolta al centro commerciale sotterraneo Carrousel du Louvre (99 rue de Rivoli, www.carrouseldulouvre.com).

La **Conciergerie** (2 bd du Palais, www.paris-conciergerie.fr) è stata palazzo reale e poi prigione durante il periodo del Terrore. Come prigione ha ospitato anche la regina Maria Antonietta ed è possibile vedere la ricostruzione con il fantoccio della regina. La Salle des Gens d'Armes è utilizzata per allestire esposizioni temporanee.

Alzi la mano chi sa che a Parigi c'è un anfiteatro romano del II secolo. Si trova nel 5° arrondissement e l'ingresso è gratuito: **Arènes de Lutèce** (49 rue Monge). Pensate che qui avvenivano combattimenti di gladiatori con oltre diecimila visitatori.

Nel Jardin du Luxembourg si trova la **Fontaine Médicis** (rue de Médici) realizzata nello stile del manierismo italiano nel 1630. La sua lunga vasca fu aggiunta in seguito. Forse non tutti sanno che il barone Haussmann la fece spostare di alcuni metri avendone la necessità per ridisegnare la pianta urbana della città.

All'incrocio tra boulevard Saint-Michel e place Saint-André-des-Arts si trova la **Fontaine Saint-Michel** (11 place Saint-Michel), che occupa l'intera parete di uno stabile che si affaccia su quai e pont Saint-Michel. Oggi questo è diventato punto di ritrovo di ragazzi e studenti.

La torre di Giovanni senza paura, **Tour Jean-sans-Peur** (20 rue Étienne Marcel, www.tourjeansanspeur.com), è stata costruita durante la Guerra dei Cent'anni ed è la più alta torre medievale civile di Parigi (29 metri). Si possono salire i 140 gradini della sua scala a chiocciola che portano a una torretta da cui non si ha la vista panoramica, ma si può ammirare la volta con le sue sculture.

■ La **Tour Saint-Jacques** (☑ 39 rue de Rivoli, per le visite 🖥 www.desmotsetdesarts.com) in stile gotico fiammeggiante è alta 54 metri e si riconosce da diversi punti della città. È ciò che rimane dell'Église Saint-Jacques la Boucherie, voluta e fatta edificare all'inizio del Cinquecento dalla corporazione dei macellai parigini per indicare il punto di partenza dei pellegrinaggi al Santuario di San Giacomo a Santiago de Compostela, in Spagna. Dalla cima, che si raggiunge scalando 300 gradini, si gode di un ampio panorama su Parigi. La Tour Saint-Jacques è un bene protetto dall'Unesco.

■ Il **Grand Palais** (☑ 3 av du Général Eisenhower, 🖥 www.grandpalais.fr) è un grande padiglione espositivo in vetro e muratura in stile Art Nouveau, fatto edificato per l'Esposizione Universale del 1900 e Monumento storico dal 2000. Le Galeries Nationales ospitano importanti mostre d'arte.

■ Anche il **Petit Palais** (☑ av Winston Churchill, 🖥 www.petitpalais.paris.fr) è stato costruito per l'Esposizione Universale del 1900 ed è sede del Musée des Beaux-Arts de la Ville de Paris. In esposizione permanente trovate opere di Monet, Gauguin, Delacroix, Rembrandt, Cézanne.

Le location per ammirare Parigi dall'alto

- L'**Institut du Monde Arabe** è situato in rue des Fossés-Saint-Bernard e la struttura è una perfetta sintesi di culture araba e occidentale. Potete prenotare il vostro ingresso gratuito sul sito ufficiale 🖥 www.imarabe.org e salire sul tetto tramite l'ascensore che trovate appena entrati. Dal qui si gode della vista della Senna, subito sotto di voi. Non perdete un giro nella libreria al piano terra.

- L'**Arc de Triomphe** (🖥 www.paris-arc-de-triomphe.fr) è uno dei più importanti monumenti di Parigi. Si trova in place Charles de Gaulle, chiamata anche place de l'Ètoile. I biglietti si possono acquistare sul sito ufficiale.

- È possibile ammirare Parigi attraverso il gigantesco orologio del **Musée d'Orsay** (✅ 1 rue de la Légion d'Honneur, 🖥 www.musee-orsay.fr) che si affaccia proprio di fronte alla Basilique du Sacré-Coeur, a Montmartre.

- Il **Viaduc des Arts** è un viadotto ferroviario in disuso costruito in pietra e mattoni sui toni del rosa. Un tempo qui correva la linea Bastille. Oggi all'interno delle sue sessanta volte ci sono laboratori, negozi, spazi espositivi. Invece al di sopra c'è uno degli spazi verdi che preferisco a Parigi, la Promenade Plantée, che va dalla Bastille alla Porte de Saint-Mandé. Lungo il percorso, che corre tra straordinari palazzi, parigini ci sono diversi punti di accesso e di uscita. Di solito io salgo alla Coulée Verte René-Dumont in avenue Daumesnil.

- **Jardin Atlantique** (☑ place des Cinq Martyrs du Lycée Buffon) è un parco verde sopraelevato sopra la Gare Montparnasse: si trova infatti su una base di cemento sostenuta da dodici colonne e proprio al di sotto ci sono le banchine dei treni. Al centro c'è una grande fontana, Île des Hespérides.

- Un punto panoramico amato da grandi e bambini è la **Tour Montparnasse** (☑ 33 av du Maine, 🖥 www.tourmontparnasse56.com/en). Il palazzo, costruito nel 1973 e alto 209 metri, è riconoscibile da gran parte della città. Al 56° piano si trova la terrazza coperta da cui ammirare Parigi. Si può raggiungere a piedi anche la parte aperta al 59° piano, dove si trova un bar. I biglietti si possono acquistare sul sito.

- La **Grande Arche** (☑ 1 Parvis de la Défense, 🖥 www.lagrandearche.fr) è una struttura cubica in marmo bianco che risale alla seconda metà degli anni Novanta e che offre una splendida vista di Parigi dal tetto.

- È un grande classico, ma almeno una volta nella vita bisogna salire sulla **Tour Eiffel** (☑ Champ de Mars, 5 av Anatole France). Per acquistare i biglietti online, il sito ufficiale è 🖥 www.toureiffel.paris/it.

- Le **Belvédère de la Philharmonie de Paris** (☑ 221 av Jean Jaurès, Cité de la Musique, 🖥 philarmoniedeparis.fr) via farà scoprire il panorama sulla zona nord-est di Parigi. E c'è anche un ristorante con vista, Le Balcon, al sesto piano, 🖥 www.restaurant-lebalcon.fr.

- **Temple de la Sybille** all'interno del bellissimo Parc des Buttes-Chaumont, route Circulaire du Lac.

Gallerie e spazi culturali

■ Inaugurato nel 1977, il **Centre Pompidou** (☑ place Georges-Pompidou, 🖥 www.centrepompidou. fr) è da visitare non solo per le gallerie, le mostre d'arte contemporanea, i laboratori, gli spettacoli di danza, le sale cinematografiche, per la biblioteca, gli spazi dedicati al design e la libreria, ma anche per il suo stile architettonico. Due interi piani sono occupati dalla più grande collezione d'arte moderna d'Europa. Al quinto piano si trovano Matisse, Chagall, Picasso, Kandinsky, Wharol, Rothko, Pollock. Due altre sale sono dedicate alle mostre temporanee. Al primo piano c'è invece la galleria per i bambini. Da non perdere la vista che si gode dal tetto (si può acquistare il biglietto solo per il rooftop a 5 €).

■ **Sorbonne Université** (☑ 15-21 rue de l'École de Médecine, 🖥 www.sorbonne-universite.fr), fondata nel 1257 da Robert De Sorbon, è uno dei più importanti atenei del mondo e a Parigi ha 26 sedi nei vari arrondissement della città e 12 campus. Ha anche una stazione di biologia marina in Bretagna, un osservatorio oceanografico in Occitania e un altro nella regione della Provenza-Alpi-Costa Azzurra. La Chancellerie des Universités de Paris organizza ogni anno alcune visite guidate all'interno del Palais Académique al costo di 15 €. Per prenotare la visita (in francese) dovete scrivere una mail a 🖥 visites.sorbonne@ac-paris.fr.

■ Il **Palais de Tokyo** (☑ 13 av du Président Wilson, 🖥 www.palaisdetokyo.com) è dedicato all'arte contemporanea e un tempo il suo nome era Palais des Musées d'art moderne. All'interno si trova una collezione di arte moderna nell'ala orientale (di proprietà comunale) e nell'ala occidentale (dello Stato) un centro d'arte contemporanea. Il Palais de Tokyo fu costruito per l'Esposizione Universale del 1937 e dà verso la Senna.

■ **Musée de la Mode de la Ville de Paris - Palais Galliera** (☑ 10 av Pierre 1er de Serbie, 🖳 www.palaisgalliera.paris.fr) è aperto tutti i giorni tranne il giovedì. Inaugurato nel 1977, al suo interno si trovano collezioni permanenti ed esposizioni temporanee di moda e costume francese dal XVIII secolo a oggi. Si contano circa settantamila pezzi tra abbigliamento, biancheria, accessori, ma anche fotografie.

■ **Galerie-Musée Baccarat** (☑ 11 place des États-Unis, 🖳 www.baccarat.it) si trova nell'hôtel particulier di Marie-Laure de Noailles, rinnovato da Philippe Starck. Visitare la galleria è come entrare in un palazzo di cristallo. Sono esposti oltre mille pezzi che provengono dalle più importanti fiere internazionali.

■ Il **Musée du Parfum** (☑ 9 rue Scribe, 🖳 www.musee-parfum-paris.fragonard.com) è noto anche come Fragonard Musée du Parfum. Al suo interno, rare boccette, antichi oggetti da toeletta, fragranze ed estratti.

■ **Espace Dalí** (☑ 11 rue Poulbot, 🖳 www.daliparis.com), nel cuore di Montmartre, è una mostra permanente dedicata a Salvador Dalì, in particolare al lavoro di scultura e di grafica. Sono qui conservate oltre trecento opere d'arte.

■ **La Cité de la Musique** (☑ 221 av Jean Jaurès, 🖳 www.citedelamusique.fr) si trova all'interno del Parc de la Villette, nel quartiere Pont-de-

Fiandre. La Cité comprende un anfiteatro, una sala per concerti, il Musée de la musique, alcune esposizioni temporanee, laboratori e spazi di documentazione.

■ **Espace Grande Arche** (☑ 1 Parvis de la Défense, 🖥 www.lagrandearche.fr, 🖥 www.espace-grandearche.com) è uno spazio culturale di oltre cinquemila metri quadrati nel quartiere della Défense. Se vi aspettate un quartiere di uffici, vi sbagliate, perché è un grande museo a cielo aperto.

■ **Les Douches la Galerie** (☑ 5 rue Legouvé, 🖥 www.lesdoucheslagalerie.com) si trova poco lontano dal Canal Saint-Martin e dal 2006 promuove fotografie storiche e contemporanee. Lo spazio è aperto alle visite dal mercoledì al sabato dalle 14.00 alle 19.00 o su appuntamento.

I luoghi di culto

■ **La Basilique du Sacré-Coeur** (🖥 www.sacre-coeur-montmartre.com) è conosciuta soprattutto per il panorama che si gode sulla città dal suo sagrato ed è uno dei simboli di Parigi con le sue cupole bianche. Ma anche l'interno vale una visita (si paga solo per salire nella cupola, 6 € gli adulti e 4 i bambini, portatevi i contanti). Le fermate della metropolitana sono Anvers e Abbesses. Potete raggiungere la basilica anche con la funicolare.

■ **Église Saint-Eustache** (🖥 www.saint-eustache.org) è una delle chiese più importanti di Parigi e risale al XIII secolo. Lo stile è gotico, gli archi sono tipici dello stile romanico e gli ornamenti sono rinascimentali. Ne viene fuori un luogo di culto dal carattere unico. Si trova nel 1° arrondissement, al 2 di impasse Saint-Eustache.

■ **Église Saint-Germain-l'Auxerrois** (💻 www.saint-germainlauxerrois.fr) – in stile gotico e poi restaurata in stile gotico fiammeggiante – è stata la parrocchia dei reali di Francia da quando la casata dei Valois si stabilì al Louvre e si trova in place du Louvre.

■ **Saint-Étienne-du-Mont** è la chiesa che si trova alle spalle del Panthéon, nel Quartier Latin sul colle Sainte-Geneviève, nel 5° arrondissement. Se avete letto Papà Goriot di Balzac, vi ricorderete di questa chiesa perché è quella in cui Goriot riceve una cerimonia funebre.

■ **La Grande Mosquée de Paris** (💻 www.mosquee-deparis.net) è la più grande moschea di Francia e la terza in Europa. Fu fondata dopo la Prima guerra mondiale come segno di gratitudine verso i musulmani delle colonie che combatterono contro la Germania. Inaugurata nel 1926, il suo minareto è alto 33 metri. Si può visitare tutti i giorni, tranne durante le preghiere. Si trova nel 5° arrondissement, in place du Puits de l'Ermite. E alle sue spalle si può entrare nel caffè dove si trova un punto ristoro in stile mudéjar.

■ Del complesso dell'abbazia di **Saint-Germain-des-Prés** oggi rimane solo la chiesa, uno dei primi edifici in stile gotico di Parigi. La chiesa si affaccia su un angolo di Parigi molto bello, tra boulevard Saint-Germain e rue Bonaparte. Le sue antiche origini risalgono addirittura al 524 ed è stata costruita come la vediamo all'inizio dell'anno Mille.

- L'imponente ed elegante **Église Saint-Sulpice** è la seconda chiesa di Parigi per grandezza dopo Notre-Dame e dopo l'incendio che ha reso inagibile la cattedrale è diventata sede delle principali celebrazioni. La facciata è molto particolare con la sua doppia fila di colonne, disposte appunto su due livelli. L'indirizzo è rue Palatine.

- **L'Église de la Madeleine** è detta dai parigini anche semplicemente La Madeleine ed è stata costruita in stile neoclassico con l'inconfondibile forma che ricorda un tempio romano corinzio. In particolare si rifà al tempio di Zeus Olimpio di Atene e alla splendida Maison Carrée di Nîmes.

- **Basilique Cathédrale de Saint-Denis** (www. saint-denis-basilique.fr), in stile gotico, è stata uno dei più importanti luoghi di culto di Francia, infatti è Monumento storico dal 1862. Si trova nel sobborgo di Saint-Denis, in rue de la Légion d'Honneur. La basilica è stata eretta sulla tomba del martire San Dionigi, presunto primo vescovo della città. Al suo interno sono sepolti numerosi sovrani di Francia: da Clodoveo II a Carlo V, Luigi XIII, Luigi XIV, Luigi XVI, il cuore imbalsamato di Luigi XVII, Isabella d'Aragona, Caterina de' Medici, Maria Antonietta.

- **Paroisse Saint-Jean de Montmartre** (www. saintjeandemontmartre.com) si trova di fronte alla bella fermata del métro Abbesses e ai piedi della collina di Montmartre. È un primo esempio di utilizzo del cemento armato per la costruzione di luoghi di culto. Costruita a cavallo tra Otto e Novecento, la struttura è rivestita in mattoni e piastrelle di ceramica ed è in stile Art Noveau. Ogni quarta domenica del mese alle 16.00 è possibile partecipare alla visita guidata.

Strade e luoghi caratteristici

- **Rue Montorgueil** è la strada pedonale che porta a Les Halles e un tempo era proprio la naturale continuazione di questo mercato, in particolare lungo la via venivano vendute le ostriche in arrivo dalla Bretagna e dalla Normandia. Ancora oggi sono numerosi i parigini che vanno in rue Montorgueil a fare la spesa, soprattutto di pesce fresco, frutta, verdura, formaggi, ma anche per una sosta in una delle brasserie con i tavolini all'aperto.

- **Pont Neuf** potrebbe ingannare per il suo nome (nuovo, appunto) perché è il più antico ponte della capitale francese: risale al 1607. Il punto migliore per osservare le sue arcate (collega l'Île de la Cité con le due sponde della Senna) è facendo una passeggiata sul lungosenna o una crociera sul fiume. Le arcate sono adornate con circa 380 sculture grottesche che rappresentano lavoratori e fannulloni.

- **Canal Saint-Martin** per molti è il "canale di Amélie" e forse la maggior parte lo ha imparato a conoscere proprio grazie al film, ma i parigini amano andarci la domenica, per un lento brunch. Si può anche esplorare con una crociera. Mentre stiamo scrivendo è in atto una riqualificazione della diga del canale.

- **Place de la Bastille** è dove sorgeva l'omonima prigione voluta dal cardinale Richelieu e che fu assaltata il 14 luglio 1789, diventando così il simbolo della Rivoluzione francese. Nella stazione della metropolitana Bastille si trovano i resti delle fondamenta della prigione (recatevi ai binari della linea 5). E sulla pavimentazione della piazza i recenti lavori di restauro hanno evidenziato quello che fu il perimetro della fortezza.

■ **Place du Tertre** piace molto o non piace. Io sono una di quelli che la amano perché anche se sotto alcuni aspetti è pacchiana, molto turistica, si riescono anche a scorgere angoli tipici e romantici e poi mi fa sempre ricordare il mercato di San Telmo a Buenos Aires, forse perché a volte anche qui ho visto ballare il tango. Un tempo era la piazza principale del villaggio di Montmartre, poi annesso a Parigi. Si racconta che il termine "bistrot" abbia i suoi natali proprio qui: al civico 6 di place du Tertre si trova La Mère Catherine (🖥 www.lamerecatherine.com) dove pare andassero i cosacchi che con "bistro" ("velocemente" in russo) erano soliti reclamare il proprio pasto.

■ **Marché aux Puces de la Porte de Vanves** (☑ av Marc Sangnier e av Georges Lafenestre, 🖥 www. pucesdevanves.com) si svolge ogni sabato e domenica mattina in tutte le stagioni dell'anno. Si tratta di quasi 400 banchi che espongono oggettistica, abbigliamento, arredamento, libri, monete, dischi, gioielli, sia con la pioggia che con il sole. Bisogna saper cercare e andare il prima possibile perché spesso verso le 11.30 iniziano già a ritirare la merce.

■ **Marché aux Puces de Montreuil** è un altro enorme mercato bric-à-brac molto amato dai parigini che esiste dal 1860. Si trova al 18 di avenue du Professeur André Lamierre (métro Porte de Montreuil) ed è aperto a seconda delle stagioni dalle 7.00 o dalle 8.00 alle 17.00 o alle 18.30, dal sabato al lunedì.

▨ Visitare il **Cimetière du Père-Lachaise** è un'esperienza da vivere nel pieno foliage, tra ottobre e inizio novembre, perché diventa un luogo più incantato di come già è. Vi perderete di sicuro, ma va bene così, perché bisogna un po' lasciare andare i piedi dove desiderano. L'ingresso principale è su boulevard de Ménilmontant (métro Pére-Lachaise o Philippe Auguste). Qui riposano, tra gli altri, Frédéric Chopin, Jim Morrison, La Fontaine, Molière, Édith Piaf, Oscar Wilde.

▨ Anche il **Cimetière du Montparnasse** è ricco di vegetazione lussureggiante, tra tigli, aceri, frassini e varie conifere. Le tombe da non perdere quando siete qui in pellegrinaggio: Jean-Paul Sartre, Simone de Beauvoir, Serge Gainsbourg, Charles Baudelaire, Samuel Beckett. L'ingresso è al 3 di boulevard Edgar Quinet.

▨ **Cimetière de Montmartre** è un altro cimitero parigino affascinante, proprio sulla collina di Montmartre che sovrasta la capitale francese. Tra gli illustri che riposano qui ci sono Alexandre Dumas figlio, Stendhal, Edgar Degas, Gustave Moreau, François Truffaut. Anche Émile Zola ha una lapide qui, ma le sue ceneri si trovano al Panthéon. Il métro per raggiungere il cimitero, che si trova al 20 di avenue Rachel, è Place de Clichy.

Sono andata a vivere a Parigi – Le testimonianze e i suggerimenti di Ilaria e Irene

Ma come si vive da expat a Parigi? L'ho chiesto a due giovani donne che hanno scelto la capitale francese per vivere e realizzare i propri sogni, Ilaria Romualdi e Irene Vigliaroli, entrambe amanti della città più sfavillante del mondo e appassionate di vintage.

Mi chiamo Ilaria Romualdi e ho 28 anni. Vengo da un paesino che si chiama Amelia, in Umbria, e dopo vari spostamenti ho trovato la mia casa a Parigi da circa cinque anni, ormai. Mi sono trasferita inizialmente per fare un master di moda e ho poi cominciato a lavorare per varie case di moda. Lolita Vintage – la mia vetrina vintage e di second hand su Instagram – è nato tre anni fa dalla mia grande passione per il vintage: è un hobby ma anche un secondo lavoro, che cerco di incastrare con la mia vita di tutti i giorni, cosa non sempre è facile ma mi piace molto! Lolita Vintage è una bolla felice in cui presento i prodotti che amo di più: Levi's, cardigan ricamati e la collezione capsule di capi lavorati a maglia su ordinazione.

La mia zona preferita di Parigi è l'Haut Marais, ma è spesso molto frequentato quindi quando desidero stare tranquilla mi ritiro con piacere nel 14° arrondissement dove abito.

Per lo shopping amo la selezione di Thanx God I'm a V.I.P (💻 www.thanxgod.com) e il mercatino del weekend Puces de Vanves.

Il locale in cui mi sento a casa è l'Entrepôt Cinéma & Concerts (☑ 7 Rue Francis de Pressensé, 💻 www.lentrepot.fr).

Se dovessi consigliare come trascorrere una serata parigina, direi d'estate un aperitivo-picnic lungo la Senna, e durante il periodo invernale in una bella brasserie con piatti riconfortanti.

La mia domenica ideale: sveglia non troppo presto, un salto alla boulangerie per un pain au chocolat e dal fiorista per un bel bouquet, poi un giro in qualche mercatino delle pulci.

Un mio consiglio per chi viene a Parigi in viaggio: una visita e un tè alla Grande Mosquée de Paris (consiglio che amo dare anch'io, *N.d.A.*).

Trovate Ilaria per la sua selezione vintage e second hand su Instagram: @ilaria__ro e @lolitavintage_.

Sono Irene Vigliaroli e sono pugliese, vengo da San Severo, un paese della provincia di Foggia. Dopo la maturità ho vissuto a Firenze e ho trascorso un anno a Parigi per i miei studi nella moda come designer. Per molto tempo ho lavorato in Italia, sempre come designer, tra Bologna e Milano. Ho 37 anni e otto anni fa ho deciso di venire a fare un'esperienza lavorativa a Parigi, che è diventata la mia seconda casa. Continuo a lavorare come fashion designer freelance e in parallelo con tanta fatica ho creato il progetto di TWICE (lo trovate su Instagram come @twicevintagestudio o online 💻 www.twicevintagestudio.com) che è uno shop online e in qualche modo è anche un legame con l'Italia, poiché tante clienti sono italiane.

La mia zona preferita per abitare a Parigi, se avessi un budget infinito, sarebbe il 9° arrondissement. Purtroppo, gli affitti nella capitale sono molto alti ovunque. Il 9° è ben situato rispetto al centro, non è uno dei quartieri più famosi, residenziale ma con una grande offerta di ristoranti e localini, non troppo caotico ma anche strategico per gli spostamenti in centro o nell'altra sponda. In generale, amo di più la *rive droite* per la varietà e la vivacità della vita.

I miei negozi parigini preferiti sono davvero tanti, ma tento di fare una lista: come grandi magazzini Le Bon Marche (da visitare assolutamente anche l'epicerie, ✅ 24 rue de Sèvres) e Galleries Lafayette, ma quello sugli Champs che ha una selezione più di nicchia, l'altro è troppo commerciale (✅ 60 av des Champs-Élysées, 🖥 www.galerieslafayette.com). Multimarca modaiolo: THE BROKEN ARM a Carreaux du Temple (✅ 12 rue Perrée, 🖥 www.the-broken-arm.com). E per il vintage c'è davvero tanta scelta: da Tilt Vintage Paris 6th (✅ 6 rue Saint-Placide, 🖥 www.tilt-vintage.com), piccolo e poco conosciuto, si trovano capi in pelle bellissimi, maglieria, pezzi firmati, Burberry; Kiliwatch Collect.Or (✅ 46 rue Saint-Andé des Arts, 🖥 www.kiliwatchcollector.fr) ha una selezione molto interessante, e di fianco c'è anche un Kiloshop, molto carino; un vintage che utilizzo per la ricerca di lavoro come stilista perché ha pezzi più particolari (ma più cari) è Pretty Box nell'Haut Marais (✅ 46 rue de Saintonge, 🖥 www.prettybox.fr).

Il museo che amo di più è senza ombra di dubbio la Fondazione Louis Vuitton (✅ 8 av du Mahatma Gandhi, 🖥 www.fondationlouisvuitton.fr) con le sue mostre di arte moderna sempre fantastiche, ma vale la pena visitarla anche solo per la struttura. Tra l'altro nel piano interrato, all'aperto, si trova la famosa installazione a specchi di Olafur Eliasson che fa parte della Fondazione e accanto c'è il Jardin d'Acclimatation (Bois de Boulogne, route de la Porte Dauphine à la Porte des Sablons, 🖥 www.jardindacclimatation.fr) che d'estate è molto bello.

Un locale in cui mi piace fare colazione durante il weekend è Passager (✅ 107 av Ledru Rollin, 11°) un posto piccolissimo molto carino e soprattutto con un brunch spaziale. Un pranzo sicuramente in una brasserie en terrasse, per esempio a Le Petit Carillon (✅ 167 quai de Valmy) sul canal St. Martin o nella corte dell'hotel Hoxton nel quartiere Sentier (✅ 30 rue du Sentier). Per la cena, un luogo che amo è un thai con un bellissimo giardino interno, Bambou (✅ 23 rue des Jeuneurs, 🖥 www.bambouparis.fr) o un ottimo ristorante di carne nel Marais, L'Aller Retour (✅ 5 rue Charles-François Dupuis, 🖥 www.laller-retour.fr). E poi vi svelo un segreto: per bere un drink d'inverno andate nel bar nascosto Candelaria (✅ 52 rue de Saintonge, 🖥 www.candelaria-paris.com) che da fuori sembra un tapas bar, ma dietro una porta si accede a una piccola grotta dove si degustano cocktails buonissimi (amo i bar nascosti).

Mi piace passeggiare al Jardin des Tuileries o sul lungo Senna dal Pont Alexandre III fino a Bastille.

La domenica ideale a Parigi è sempre dettata dal meteo: quando è bello adoro girovagare in bici, la città offre tanti servizi di locazione facili da usare, quindi giretti all'aperto e pranzo in terrasse, oppure un salto alle Puces de Saint'Ouen (✅ rue des Rosiers) dove ci sono anche dei posti carini dove mangiare. Quando è meno bello, vado a nuotare, perché ci sono numerose piscine pubbliche tutte molto belle, oppure visito una mostra.

Se dovessi dare qualche consiglio a chi viene a Parigi in viaggio, direi un hotel nel Marais dove vedrete la Parigi più contaminata culturalmente, una passeggiata a Saint-Germain per osservare la Parigi più chic e iconica, una cena a Le Derrière (✅ 69 rue de Gravilliers, 🖥 www.derriere-resto.com) per scoprire un posto inconsueto e poi un drink a Belleville se volete scoprire una Parigi inedita e più popolare.

Itinerari a Parigi

Parigi va assaporata a piedi. Anche quando piove, con un impermeabile o sotto un ombrello colorato, per accendere il nostro passaggio tra le strade grigie e nonostante il cielo plumbeo. E quando fa caldo, prediligendo i percorsi nei suoi parchi e giardini, dove poter trovare un po' di refrigerio.

In questo capitolo esploriamo insieme la città, seguendo le suggestioni che vi propongo, tra i miei quartieri preferiti e a caccia di quella "cartolina" che potete costruirvi voi, visita dopo visita di Parigi. Ma ci saranno anche alcuni tour e laboratori consigliati a pagamento, per chi preferisce farsi coccolare e non dover studiare, per chi ama farsi guidare. Prendete qui lo spunto che più vi appartiene in questo viaggio.

Tour a pagamento
Per farvi accompagnare alla scoperta di Parigi, potete iniziare dai siti che vi elenco qui di seguito. Chiedendo anche informazioni aggiornate e se è cambiato qualcosa in seguito all'emergenza sanitaria a causa del Covid-19.

I residenti di Belleville, Ménilmontant, Canal Saint-Martin, Canal de l'Ourcq, Oberkampf, La Villette – quartieri situati nella zona nord-est di Parigi – organizzano **Ça Se Visite** (www.ca-se-visite.fr): sono tour a piedi o in monopattino, trottinette, durante i quali si incontrano artisti e artigiani. La sede è in 63 av Parmentier. Tra le proposte, sono interessanti La Face cachée du Canal Saint-Martin, La Traversée de l'Etonnant Clignancourt, Oberkampf et le quartier de la Fontaine au Roi, Pantin Paris, au fil de l'Ourcq. O con il monopattino, per esempio, Les Passages Couverts à trottinette. I costi variano da 14 a 17 € per gli adulti e 12/15 € per i bambini.

Sono numerosi i newyorkesi che amano Parigi, che ci hanno vissuto per parte della loro vita o si sono trasferiti per sempre. Come Richard Nahem, che propone tour fuori dai percorsi più noti, anche di un'intera giornata. La sua offerta fa parte di **Eye Prefer Paris** e si trova qui: 🖥 www.eyepreferparistours.com. Un tour di tre ore per tre persone costa 225 €. Date un'occhiata sia alle lezioni di cucina sia al tour di mercatini delle pulci, a quelli per sole donne dedicati a shopping e cibo (Girlfriend tour), ai tour natalizi o a quelli in cui si degustano formaggi in un appartamento privato.

I parigini che conoscono bene la propria città ne vanno orgogliosi e ce ne sono alcuni che si occupano di **Localers** (🖥 www.localers.com), una proposta di itinerari a piedi tra visite ai mercati, lezioni di cucina, photoshooting. Il costo parte da 49 €, come per Montmartre & Sacré-Coeur walking tour o Walk on the dark side of Paris – night tour. A 59 € a persona ci sono Paris literature tour – Hemingway & friends e Marie Antoinette Paris tour.

Ancora parigini amanti della propria città per **Parisien d'un Jour – Paris Greeters** (🖥 www.greeters. paris). Non ci sono costi fissi perché i parigini sono volontari, per cui va a offerta. I gruppi sono al massimo di sei persone per volta. È obbligatorio prenotare con almeno due settimane d'anticipo.

La società più famosa che organizza tour a piedi è senza dubbio **Paris Walks**, attiva dal 1994 (🖥 www. paris-walks.com). Il tour di un paio d'ore costa 25 €, 15 € per i bambini. Nato da una costola di London

Walks, Paris Walks organizza tour quotidiani, è in inglese ed è un circuito diffuso in Europa e nel mondo. Sul sito ci sono i tour aggiornati dei tre mesi successivi.

E adesso andiamo in giro per la città a fare i *flâneurs*. Se conoscete bene il poeta Charles Baudelaire sapete che il flâneur non bighellona a vuoto, bensì raccoglie informazioni durante le sue passeggiate. Si tratta di esplorazioni, di osservazioni, è curioso, per cui non c'è mai la totale passività in questa attività. Scopriamo anche noi Parigi con l'occhio attento e curioso. E a piedi.

Lungo il Canal Saint-Martin

Questo scorcio abbiamo imparato a conoscerlo grazie ai primi frame del film di Amélie, perché a lei da bambina piaceva far rimbalzare i sassi sull'acqua lanciandoli da uno dei ponti del canale. Fino a pochi anni prima di questo film, quindi fino a tutti gli anni Novanta, questa non era una zona alla moda, i giovani e le famiglie non si organizzavano per un picnic lungo il canale nei giorni di festa, ed era soprattutto un quartiere operaio. Andateci anche poco prima del tramonto, quando il sole sta calando e la luce è più morbida. Io lo amo in tutte le stagioni, ma soprattutto in autunno, quando le foglie cambiano colore.

Questa passeggiata può iniziare da place de la République, punto d'incontro di tre arrondissement, il 3°, il 10° e l'11°, verso il Parc de la Villette oppure in senso opposto. È un percorso di circa quattro chilometri che potete anche dimezzare se come riferimento – invece della Villette – prendete la Gare de l'Est.

La diagonale che forma il Canal Saint-Martin si collega al Canal de l'Ourcq tramite il più ampio lago artificiale della città, il Bassin de la Villette.

98

Risalendo il canale, da place de la République, fermatevi ad attendere che la chiusa venga aperta per fare passare i battelli e, quindi, venga sospeso momentaneamente il traffico sul ponte (Passerelle Bichat e Square des Récollets), e poi fate una sosta – sul lato sinistro – al Jardin Villermin, uno spazio urbano verde e alberato a pochi metri dalla Gare de l'Est.

Più a nord si trova Point Éphémère (Point FMR), al 200 di quai de Valmy. È uno dei posti migliori e più a buon prezzo per assistere a concerti di gruppi emergenti internazionali. Gli spazi sono in continuo cambiamento e si affacciano sul canale.

Risalendo ancora più a nord, oltre la fermata della metropolitana Jaurès, si trova Marin d'Eau Douce (■ 37 quai de la Seine, ▭ www.marindeaudouce.fr), che dà la possibilità di navigare il Canal Saint-Martin, il Canal de l'Ourcq, il Bassin de la Villette e il Canal Saint-Denis. I battelli a noleggio sono automatici e non c'è bisogno del patentino per una crociera di qualche ora o di un'intera giornata.

Se siete appassionati di architettura, lasciate per un momento il canale e avventuratevi ai civici 67-107 di avenue de Fiandre e ai 14-24 di rue Archereau. Qui si trova il complesso di condomini progettati da Martin van Trek tra 1974 e 1980, chiamato *Orgues de Flandre*, gli organi delle Fiandre. Sono quattro torri dalle forme bizzarre che ricordano degli organi.

Tornando verso il canale, si raggiunge Parc de la Villette, il terzo più grande della capitale francese. Si trova al 211 di avenue Jean Jaurès ed è stato progettato dall'architetto Bernard Tschumi e allestito tra gli anni Cinquanta e la fine degli anni Ottanta per riqualificare l'area (qui siamo verso il confine nordorientale di Parigi).

Terminiamo la passeggiata alla Philharmonie de Paris (▭ www.philharmoniedeparis.fr) che si trova all'interno del parco (al civico 221). La sala per concerti si vede brillare fin da lontano. Fate un salto sul rooftop che è aperto al pubblico e offre una bella vista su Parigi da una parte e sui suoi sobborghi dall'altra.

Dal Marais a Montmartre

Questa è un'altra delle mie passeggiate preferite, potete affrontarla in entrambi i sensi, quindi anche partendo da Montmartre (ricordatevi che per la funicolare è sufficiente il biglietto della metropolitana e non dovete fare la fila per acquistarne uno ad hoc). Facendo il percorso opposto a quello che vi propongo, soprattutto per la parte di Montmartre, camminerete in discesa, quindi è un po' meno stancante.

E, come sempre, potete anche scegliere di estrapolarne solo una parte, avvicinandovi il più possibile alla vostra meta finale guardando qual è la stazione della metropolitana più comoda. Se farete l'intera passeggiata, si tratta di circa 6 chilometri.

Partiamo da place des Vosges, inaugurata nel 1605 come place Royale e poi ribattezzata da Napoleone III. Una piazza davvero reale, con le sue quattro fontane simmetriche e una statua di Luigi XIII al centro, abbracciata dalle facciate in pietra e mattoni degli edifici con i tetti in ardesia e circondata da file di castagni. Da non perdere una sosta ai caffè e ristoranti sotto i portici, tra le gallerie d'arte. Qui ha abitato anche lo scrittore Victor Hugo.

Da place des Vosges proseguiamo verso quattro mete: rue du Prévôt, una stretta strada che da circa tre metri si riduce a poco più di mezzo metro di larghezza. Se alzate lo sguardo, compare ancora l'insegna del vecchio nome della via: rue Percée. A proposito di antichità, qui si trova anche la Maison à l'enseigne du Faucheur et du Mouton (☑ 11 rue François Miron), forse antiche locande del XIV secolo. La costruzione originaria resiste nelle fondamenta e la parte

alta a graticcio è del XVI secolo. Oggi sono sotto tutela. Non lontano si trova anche la Synagogue Agoudas Hakehilos (✅ 10 rue Pavée) che è Monumento storico dal 1989, ma che risale al 1913. La curiosità è che è stata progettata dall'architetto Hector Guimard, noto soprattutto per aver disegnato gli ingressi del Paris Métro (andate a vedere quelli di Abbesses, dove tra poco passeremo, Châtelet e Porte Dauphine). Subito alle spalle della sinagoga, si trova il delizioso Jardin des Rosiers (✅ 10 rue des Rosiers), aperto nel 2014, che racchiude più aree verdi private, ora godibili da tutti.

Allunghiamo un po' il passo e raggiungiamo il Centre Pompidou a cui dovrete dedicare almeno un paio d'ore, anche per godere della vista dall'alto dove si trova il ristorante Georges (al sesto piano con terrazza). Accanto c'è anche la fiabesca Fontaine Stravinsky.

Torniamo poi indietro di poche centinaia di metri verso rue Vieille du Temple, che è molto interessante per curiosare nei negozi, tra boutique e alimentari. E proseguiamo verso il Marché des Enfants Rouge (✅ 39 rue de Bretagne), che un tempo era un orfanotrofio ma che dall'inizio del Seicento è diventato un mercato, e rimane il più antico di Parigi. Oggi nel mercato coperto (aperto tutti i giorni tranne il lunedì, la domenica chiude alle 16.00 anziché alle 20.00) sono in vendita frutta, verdura e fiori ed è preso come punto di riferimento soprattutto all'ora di pranzo per i piatti pronti che propone. Ci sono poi i tavoli con le panche per fermarsi a mangiare.

Il Cirque d'Hiver Bouglione (✅ 110 rue Amelot, 🖥 www.cirquedhiver.com), edificato nel 1852, è il circo più vecchio del mondo. L'architetto che lo ha ideato è lo stesso della Gare du Nord, Jacques Ignace Hittorf. La curiosità è che il trapezio per gli esercizi aerei fu inventato qui nel 1859 da Jules Léotard. E circa cento anni dopo, ancora qui Richard Avedon scattò le immortali foto con la modella Dovima insieme agli elefanti.

Ora potete andare diretti al Musée National Gustave Moreau (✅ 14 rue de la Rochefoucauld, 🖥 www.musee-moreau.fr) in cui non dovête perdere l'imponente scala a chiocciola. Poi proseguite per il Musée de la Vie Romantique (✅ 16 rue Chaptal, 🖥 www.museevieromantique.paris.fr,) con il delizioso giardino d'inverno e il cortile fiorito. E nel giardino si trova anche un caffè molto tranquillo, che vale una sosta. Siamo ai confini con il quartiere di Pigalle: prendete proprio rue Jean-Baptiste Pigalle, che inizia a essere in salita, per raggiungere la stazione Abbesses con il suo bellissimo ingresso. In piazza si trovano sia la chiesa in stile Art Nouveau Paroisse Saint-Jean de Montmartre, sia, pochi passi più in là, il murale Le Mur des Je T'Aime (✅ square Jehan Rictus). Si tratta di un'opera progettata dall'artista Frédéric Baron con la collaborazione di Claire Kito: dieci metri per quattro di piastrelle blu con i "ti amo" scritti in bianco in tutte le lingue del mondo.

Gambe in spalla perché s'inizia a salire e la prima tappa è Le Moulin de la Galette, un vero e proprio mulino che risale al 1622 e che non v'aspettereste di vedere proprio qui in piena Parigi. Il mulino era utilizzato per produrre *galettes*, ma era anche una specie di balera in cui i lavoratori e i bohémien gustavano un bicchiere – o forse anche di più – di vino con il pane preparato qui. Oggi è un ristorante (✅ 83 rue Lepic, 🖥 www.moulindelagaletteparis.com) e di certo lo ricordate anche per averlo già visto in numerosi dipinti di illustri pittori: Van Gogh, Renoir, Picasso, Toulouse-Lautrec.

Proseguendo, appena più appartate in questo labirinto di stradine in salita, sulla sinistra vi imbattete prima nell'Hôtel Particulier Montmartre (✅ 23 avenue Junot Pavillon D, 🖥 www.hotelparticulier.com) e, poco dopo, in Villa Léandre. L'Hôtel è stata dimora della famiglia Hermès e dal 2007 è un boutique hotel. Potete anche prenotare da esterni il raffinato ristorante Le Grand Salon (www.hiltonparisoperahotel. com/le-grand-salon), al piano inferiore invece si trova il cocktail bar Très Particulier. Una curiosità: i giardini sono stati disegnati dal paesaggista che ha curato il verde delle Tuileries, Louis Benech.

Villa Léandre è una strada chiusa che s'imbocca da avenue Junot e sembra di trovarsi in un villaggio della campagna parigina.

Finite di godervi la passeggiata in avenue Junot, il viale curvilineo che al civico 39 ha ospitato un albergo in cui pare che Édith Piaf si vedesse con il suo amante Yves Montand. E a poche centinaia di metri più in su raggiungete la bella stazione della metropolitana Lamarck-Caulaincourt, aperta nel 1912 quando Parigi iniziò a espandersi verso nord. Andate fino in cima alla scalinata e rimanete a osservare i parigini che entrano ed escono e, dietro di loro, parte del panorama sulla città.

Scendiamo fino a raggiungere il Busto di Dalida e la bella square Suzanne Buisson, da dove si gode di un altro bel panorama dalla collina sulla città. Qui potreste incontrare qualche anziano del quartiere che gioca a boules o a pétanque.

Proseguendo su rue de l'Abreuvoir si raggiunge La Maison Rose (2 rue de l'Abreuvoir, www.la-maisonrose-montmartre.com), un bistrot in un edificio rosa con gli infissi verdi, sovrastato da una villa Art Déco rivestita d'edera. Questo è uno dei punti più fotografati di Montmartre. Appare già in alcuni scatti di metà Ottocento ma in principio era poco più di una delle tante bettole della Butte. All'inizio del Novecento fu acquistata da Laure Germaine Gargallo, moglie del pittore Ramon Pichot e modella di Picasso e – si racconta – anche sua amante. L'idea di dipingere di rosa la casa di Montmartre pare fosse venuta proprio a Laure dopo un viaggio in Catalogna.

Charles/Aznavour nella canzone *La Maison Rose* cantava: *Quand on descendait de la butte, où je vivais à mes débuts./ Nous y avions un coin de chute/ accroché à un coin de rue,/ On l'appelait La Maison Rose/ rose bonbon décolorée/ comme une maison de poupée.*

A due passi appena sulla sinistra, in rue des Saules, si trova l'unico vigneto di Parigi, Vignes du Clos Montmartre, di cui si festeggia l'imbottigliamento lungo un fine settimana di metà ottobre. Le bottiglie ricavate dalla vendemmia sono battute all'asta e i proventi sono poi devoluti in beneficienza.

Percorrete la bella rue Cortot in salita e poi rue du Mont-Cenis fino alla turistica place du Tertre, che vale sempre una visita con i suoi pittori e le bancarelle, e allungatevi anche fino a un altro spot spesso immortalato a Montmartre, Le Consulat (☑ 18 rue Norvins).

Tornando sui vostri passi e percorrendo rue du Chevalier de la Barre e poi rue du Cardinal Guibert si arriva alla Basilique du Sacré-Coeur.

Parallela alla funicolare che porta al Sacro Cuore, c'è una scalinata che vi consiglio di percorrere per scendere dalla Butte, rue Foyatier, così arrivate nei giardini di place Saint-Pierre dove si trovano il Carrousel de Saint-Pierre e la bella Halle Saint-Pierre su rue Ronsard, uno spazio di arte contemporanea e una libreria. Da rue Ronsard si gode anche di una bella vista delle cupole del Sacro Cuore.

La rive gauche: da Saint-Germain-Des-Prés al Quartier Latin fino alla Grande Mosquée

Questa passeggiata ci porta nel quartiere letterario di Parigi, ma anche a toccare alcune zone verdi che, soprattutto nelle giornate calde, possono farci trovare un po' di refrigerio. Visitatele anche nelle altre stagio-

ni proprio per vedere come cambiano seguendo il ritmo della natura.

Ci incamminiamo da Passage Dauphine – che collega rue Dauphine con rue Mazarine e rue Christine – e ci spostiamo verso una strada amata dai parigini e che conoscono invece meno i turisti, rue de Buci. Un tempo qui si trovavano soprattutto macellerie e fruttivendoli, oggi ci sono bistrot, caffè e gallerie d'arte. Tra i locali più famosi, il Café le Buci (✓ 52 rue Dauphine, 🖥 www.le-buci.com). La tappa successiva è la piccola e deliziosa place de Furstenberg, che più che essere una piazzetta è uno slargo, un luogo nascosto, direi più un cortile con quattro alberi di Paulonia che abbracciano un lampione centrale. In place de Furstenberg abitò Eugène Delacroix per alcuni anni fino alla sua morte. Da qui imbocchiamo rue de l'Abbaye e poi arriviamo a l'Église Saint-Sulpice, nel 6° arrondissement, che è la seconda chiesa per grandezza dopo la Cathédrale Notre-Dame.

Percorrendo rue Garancière si raggiunge il Jardin du Luxembourg con la famosa vasca su cui galleggiano le navi giocattolo, la giostra vintage molto amata dai bambini e non solo, le scacchiere, i campi da tennis e, sul lato nord ovest dei giardini, in rue de Vaugirard, si trova la Fontaine Médicis. Risale ai primi anni del XVII secolo e ha la forma di un ninfeo con grotta artificiale. La lunga e romantica vasca è contornata da platani e nella grotta ci sono sculture classiche aggiunte poi nell'Ottocento. Percorrendo rue Soufflot – che è anche quella che offre una vista più interessante – si raggiunge il Panthéon, nel 5° arrondissement. Dal 1920 il Panthéon è Monumento storico di Francia. È circondato dalla Sorbonne, dalla Bibliothèque Sainte-Geneviève e dalla Église Saint-Étienne-du-Mont.

La sosta successiva, proseguendo verso la stessa direzione di prima e poi svoltando a destra in rue Monge, è Arènes de Lutèce (✓ 49 rue Monge). Si tratta appunto dell'arena di Parigi, un vasto anfiteatro gallo-romano che risale al I secolo d.C. Lutezia, *Lutetia* in latino, era il nome della Parigi delle origini. Qui avevano luogo dai combattimenti tra gladiatori e animali agli spettacoli teatrali.

Allunghiamoci di poco a sud per una visita a place de la Contrescarpe, una vitale piazzetta che si trova sulla Butte Sainte-Geneviève. È a place de la Contrescarpe che Hemingway dedicò l'inizio di *Festa mobile*: "E poi c'era il brutto tempo. Arrivava da un giorno all'altro, una volta passato l'autunno. Alla sera dovevi chiudere le finestre per la pioggia e il vento freddo strappava le foglie degli alberi di Place de la Contrescarpe". Da questa deliziosa piazza si dipanano alcune strade che sono tra quelle con più offerta di locali e ristoranti di – forse – tutta la città. Andate di sicuro a dare uno sguardo a rue Mouffetard.

La passeggiata prosegue verso la Grande Mosquée de Paris (place du Puits de l'Ermite) che ha all'interno un bellissimo giardino in stile moresco e vi sembrerà di aver fatto un salto spazio-temporale in Marocco. E un altro viaggio si fa con una sosta all'hammam della moschea di Parigi o anche solo al ristorante della moschea, che si trova proprio alle spalle dell'edificio religioso (39 rue Geoffroy-Saint-Hilaire, www. la-mosquee.com).

Attraversando la strada si entra nel Jardin des Plantes, il giardino botanico più grande di Parigi e molto interessante anche per le serre tropicali e per lo zoo. Attraversatelo tutto, fino a uscire in quai Saint-Bernard, lungo la Senna. Stiamo per raggiungere la nostra ultima meta, per assaporare Parigi dall'alto, magari al tramonto. Per arrivarci, proseguiamo passando dal Musée de la sculpture en plein air fino all'Istitut du monde arabe (1 rue des Fossés Saint-Bernard, www.imarabe.org). Imperdibili la libreria al piano terra e il belvedere sulla terrazza all'ottavo piano, a ingresso gratuito.

Dove mangiare

Boulangerie

Babka Zana

 65 rue Condorcet

www.babkazana.com

Un panificio di dolci mediorientali da leccarsi i baffi. Anche sandwich. Se amate il miele, il cioccolato, i pistacchi e le mandorle, è casa vostra.

Blé Sucré

 7 rue Antoine Vollon, Bastille

Ideale per una colazione con ottimi croissant. Provate *kouign-amman*, prussiane, madeleine glassata.

Boulangerie Chambelland

 14 rue Ternaux

www.chambelland.com

Questo è un indirizzo prezioso per chi è intollerante al glutine e cerca farine e prodotti bio. Andate sul sito per studiare per bene tutte le tipologie di pane offerto.

Clementine Oliver Pains – Gourmandises sans gluten

 13 rue Georges Auric

www.clementineoliver.fr

Panetteria e pasticceria di prodotti senza glutine.

Des Gâteaux et du Pain

89 rue du Bac

www.desgateauxetdupain.com

Torta di fragole con mousse e quella di pompelmo rosa. Tutta da scoprire la pasticceria di alto livello di Claire Damon.

Du Pain et des Idées

34 rue Yves Toudic

www.dupainetdesidees.com

Insegna vintage e profumo di burro accanto al Canal Saint-Martin. Provate il pane preparato in sette ore come insegna la vecchia scuola. Scegliete tra *pain des amis*, pavés ripieni di albicocche secche e formaggio erborinato o di spinaci e formaggio di capra, *escargots* di pasta sfoglia, *chausson à la pomme fraîche* e la ricetta nordafricana mouna.

Gontran Cherrier

all'interno de la Gare Montparnasse, 3 rue Grande Fontaine

www.gontran-cherrier.com

Gontran Cherrier è un volto noto della televisione francese per le sue ricette e ha panetterie anche in Asia e in Australia. È proposta una selezione di pane e di pasticcini gluten free. Potete anche assaggiare i panini imbottiti all'ora di pranzo.

Madame Gaspard

12 rue d'Hauteville

www.madamegaspard.com

Una proposta di oltre 500 prodotti di cui molti senza glutine e una grande selezione bio e vegana.

Maison Arnaud Delmontel

 39 rue des Martyrs e altri

www.arnaud-delmontel.com

Ogni anno questa catena di panetterie di Parigi vince per la produzione della miglior baguette della città. Ma si trovano anche macaron, tartine, *viennoiserie* e salatini.

Maison Landemaine

 123 rue Monge e altri

www.maisonlandemaine.com

Ha numerosi punti vendita in città e questa piccola catena di panetterie produce alcuni dei pani e dei pasticcini più buoni di Parigi, dalle baguette alle tartine di frutta, dal *pain au chocolat* ai croissant al burro.

Pâtisserie Pain de Sucre

 14 rue de Rambuteau

www.patisseriepaindesucre.com

Con un'offerta dolce e salata in monoporzioni o da dividere. È stata premiata da «Le Figaroscope» per il miglior babà al rhum di Parigi.

Pâtisserie Yann Couvreur

 137 avenue Parmentier

www.yanncouvreur.com

Ha anche altri punti vendita che potete trovare sul sito. Yann Couvreur ha partecipato a Master pasticcere di Francia. Da provare la torta con i mirtilli e quella con la granella di pistacchio e i frutti rossi.

Pizza Di Loretta

122 rue Caulaincourt e altri

www.pizzadiloretta.com

Poiché per noi la pizza al taglio è un cibo di strada

da panetteria, ho preferito inserire qui questo locale, ma ci sono anche i posti a sedere. Gli indirizzi sono numerosi, vi lascio anche 62 rue Rodier e
112 rue de la Roquette.

Poilâne
 8 rue du Cherche-Midi e altri
 www.poilane.com
È una delle catene di panetterie più amate dai
parigini. Producono pane e dolci da tre generazioni. La prima panetteria fu aperta da Pierre
Poilane nel 1932 tra Saint-Germain e Montparnasse.

Pralus
35 rue Rambuteau e altri
www.chocolats-pralus.com
Nel 1955 August Pralus propose un pan-brioche
con praline croccanti e da allora è diventato un
punto di riferimento a Parigi tanto che sono numerosi i punti vendita, oggi.

Sébastien Gaudard – Pâtisserie des Martyrs
 22 rue des Martyrs
www.sebastiengaudard.com
Pasticceria, gelati, cioccolateria di padre in figlio
dal 1955.

Café, bar e bistrot

Amendūla Café
 26 rue de Cotte
www.amendula-cafe.business.site
Un ottimo caffè, proposte per vegani e vegetariani e tutto preparato in casa in questo locale gesti-

to da due imprenditrici italiane, Luisa e Fabrizia. Dolci con impronta siciliana.

Angelina Paris

226 rue de Rivoli

www.angelina-paris.fr

Un indirizzo che trovate su tutte le guide da oltre cinquant'anni (almeno!) e uno dei punti di ritrovo dei turisti a Parigi. Questa tea house è stata fondata nel 1903.

Au Petit Fer à Cheval

30 rue Vieille du Temple

C'è sempre una bella atmosfera in questo autentico bistrot nel Marais.

Au Pied de Cochon

6 rue Coquillière

www.pieddecochon.com

Dalla colazione ai cocktail, in questa elegante brasserie dall'atmosfera rilassata. Ma anche frutti di mare e charcuterie.

Au Rocher de Cancale

78 rue Montorgueil

www.au-rocher-de-cancale.zenchef.com

Nella via pedonale amata dai parigini trovate tante proposte di bistrot e brasserie. Qui potete assaggiare anche pesce fresco e ostriche.

Bar Ourcq

68 quai de la Loire

www.barourcq.business.site

Un bel dehors affacciato sul Canal de l'Ourcq, proseguimento del Canal Saint-Martin. Stuzzichini, bevande e cocktail poco costosi. Dall'ora dell'aperitivo in avanti arrivano i dj.

Brasserie Lipp

 151 bd Saint-Germain

www.brasserielipp.fr

Una delle più famose brasserie della città, decorata con grandi specchi. Aperta tutti i giorni fin dopo mezzanotte e quindi perfetta anche per una cena tardi o un dopo teatro.

Breizh Café

 109 rue Vieille du Temple

www.breizhcafe.com

Per degustare crêpe o *gallette* alla bretone in pieno Marais.

Brutus – Cidrologue & Crêpophile

 99 rue des Dames

www.brutus-paris.com

Crêpe e sidro: questo è il posto giusto per l'accoppiata perfetta in un bel locale a Batignolles. Aperto tutti i giorni. C'è un secondo indirizzo al 28 di rue de la Gaîté ma è chiuso il lunedì.

Café Cassette

 73 rue de Rennes

www.cafecassette.com

Una tipica brasserie parigina con terrazza esterna in cui assaggiare piatti tradizionali in un ambiente decorato con i fiori.

Café de la Poste

124 rue de Turenne

www.cafe-de-la-poste.com

Un ottimo spot per la colazione con i suoi croissant freschi, ma anche per un pranzo veloce con piatti francesi.

Café Hugo

 22 place des Vosges

Per un pranzo nella caratteristica place des Vosges.

Café Le Brebant

 32 bd Poissonnière

Un caffè ristorante del 9° arrondissement fondato nel 1865. Gli interni con i copri-lampada in vimini e le foglie che scendono dal soffitto sono molto belli.

Carette

 25 place des Vosges

www.paris-carette.fr

Una location deliziosa sia all'interno tra specchi e grandi lampadari, sia nei tavolini sotto il portico che circonda place des Vosges. Sbizzarritevi con i lievitati e se fa freddo provate la loro panna montata sul caffè o sopra a una tazza di cioccolata bollente.

Frog Pubs

 176 rue Montmartre e altri

www.frogpubs.com

La catena di pub Frog è molto valida, offre hamburger interessanti, carne cotta alla perfezione e succosa e birre artigianali a rotazione. In autunno provate quella alla zucca.

Goguette

108 rue Amelot

www.goguette.paris

Tipico bistrot parigino con una carta dei vini con oltre 150 etichette.

Holybelly 5

 5 rue Lucien Sampaix

 www.holybellycafe.com

Ideale per la colazione o il brunch, serve uova, pancakes e caffè (ma anche birra!) in un contesto industrial-chic. Aperto tutti i giorni dalle 9.00 alle 17.00.

KB CaféShop

 53 avenue Trudaine

kbcoffeeroasters.com

Il titolare è un francese che ha vissuto in Australia ed è stato uno dei primi a introdurre a Parigi il caffè pregiato. Tutta la pasticceria è preparata in casa.

La Belle Hortense

 31 rue Vieille du Temple

Perfetto per un bicchiere di vino dopo aver fatto shopping nel Marais.

La Bellevilloise

 19-21 rue Boyer

www.labellevilloise.com

Si mangia e si beve, ma è anche una sala per concerti. Con il bel tempo si può utilizzare anche la terrazza sui tetti.

La Buvette

 67 rue Saint-Maur (Ménilmontant)

www.labuvette.paris

È una *cave à manger* che offre ottimi piattini così come il vino naturale. Aperto dal mercoledì al venerdì solo la sera e sabato e domenica per pranzo e cena.

La Crème de Paris

- 1 quai Saint-Michel e altri
- www.lacremedeparis.com

Una catena di bei locali puliti e luminosi in cui degustare crêpe e *galette*.

La Fourmi Ailée

- 8 rue du Fouarre
- www.la-fourmi-ailee.zenchef.com/it

Sulla *rive gauche*, una piccola brasserie decorata con tante curiosità. La riconoscete da lontano perché è dipinta di blu. Buona la cucina.

La REcyclerie

- 83 bd Ornano
- www.larecyclerie.com

Una fattoria urbana che offre riparazione di biciclette, workshop e uno spazio caffè in stile industriale.

Ladurée

- 21 rue Bonaparte
- www.laduree.fr

È la location che preferisco della catena dei macaron più famosi del mondo. Potete scegliere un tavolino all'esterno o andare al piano superiore. Chiedete quali sono i macaron del giorno.

Le Café de L'Epoque

- 2 rue du Bouloi
- www.cafedelepoque.fr

Una sofisticata brasserie con uno stile che richiama gli anni Trenta. Propone cucina e vino francesi.

Le Café des Musées

- 49 rue de Turenne
- www.lecafedesmusees.fr

Una classica cucina francese, tra *bourguignonne* e *foie gras* in un ambiente luminoso.

Le Cèdre

- 6 rue Mouffetard

Quando vedete una lunga fila di fronte a un piccolo locale, siete arrivati. Pietanze libanesi molto interessanti e proprio a due passi da place Contrescarpe.

Le Choupinet

- 58 bd Saint-Michel
- www.lechoupinet.com

Proprio di fronte a una delle entrate del Jardin du Luxembourg, potete fare una pausa (anche per pranzare o cenare) a un tavolo in compagnia di un gigantesco orso di pelouche.

Le Fumoir

- 6 rue de l'Amiral de Coligny
- www.lefumoir.com

Bar, ma anche ristorante con piatti di ispirazione scandinava. C'è una deliziosa tea-room con libreria.

Le Loir dans La Théière

- 3 rue des Rosiers
- www.leloirdanslatheiere.com

In una romantica via del Marais, potete trovare torte fatte in casa e un buon brunch per il fine settimana. Anche per una merenda. È aperto tutti i giorni dalle 9.00 alle 19.30.

Le Pavillon des Canaux

 39 quai de la Loire

Un luogo magico con una ampia vetrata tipo serra lungo il fiume. Da provare per il brunch nel fine settimana.

Le Perchoir

 14 rue Crespin du Gast (Ménilmontant)

 www.leperchoir.fr

L'ingresso non è segnalato, ma voi salite con l'ascensore all'ultimo piano. Si aprirà una terrazza con vista su Parigi a 360°. Ci sono anche altri indirizzi: Le Perchoir Marais al 33 di rue de la Verrerie, Le Perchoir Porte de Versailles sulla *rive gauche* al 2 di avenue de la Porte de la Plaine, Le Perchoir de l'Est in place du 11 Novembre 1918.

Le Vrai Paris

 33 rue des Abbesses

 www.levraiparis-bistrot.com

Ai piedi della collina di Montmartre, un bistrot ricco di charme in uno dei quartieri più storici della città.

Les Deux Magots

 6 place Saint-Germain-des-Prés

 www.lesdeuxmagots.fr

Con il Café de Flore (vedi pag. 204 e 218) si contende lo scettro di più iconica brasserie del Quartier Latin e di tutta Parigi. Aperto nel 1885, è sempre stato frequentato da artisti e, col tempo, da politici e dal mondo della moda.

Les Éditeurs

 4 carrefour de l'Odéon

 www.lesediteurs.fr

Un po' diverso dagli altri caffè presenti in questo elenco, perché è molto più recente, ma come non citarlo visto che offre agli ospiti ben cinquemila libri? Ottimo per il brunch della domenica, da provare la *soupe à l'oignon*.

Lulu la Nantaise

 67 rue de Lancry

In un edificio tipico proprio a due passi dal Canal Saint-Martin. Andateci la domenica come fanno i parigini e assaggiate crêpes dolci o *galette* salate.

Paname Brewing Company

 41 bis quai de la Loire

www.panamebrewingcompany.com

Non è propriamente un bar, bensì un ex granaio in riva al Bassin de la Villette in cui si produce birra. Visto che però se ne può sorseggiare un bel boccale fresco sul pontile o in veranda, ho scelto di inserire qui l'indirizzo. È disponibile anche una birra senza glutine.

Pink Mamma

 20 bis rue de Douai

 www.bigmammagroup.com

Sono numerosi i locali a Parigi del gruppo Big Mamma. Il mio preferito è quello nel palazzo in piastrelle rosa a Pigalle. La location con la grande finestra ai piani superiori che si affaccia sui tetti della città vi farà impazzire. Ottima pizza, buoni i drink.

Shakespeare Company Café

 35 rue de la Bûcherie

A pochi passi dalla famosa libreria omonima si trova il caffè che è l'ideale per una pausa pranzo informale con i tavolini all'aperto o per un dolce, come una fetta di torta al limone. Godetevi la vista su Notre-Dame.

Ten Belles

 10 rue de la Grange aux Belles

www.tenbelles.com

Per sorseggiare un caffè filtrato o bere tutto d'un fiato un buon espresso a due passi dal Canal Saint-Martin. Anche tanti dolci da provare. Si trovano altre due caffetterie al 53 di rue du Cherche-Midi e al 17-19 di rue Breguet.

Ristoranti

Amore e Gusto 

 47 rue Descartes

www.amoreegusto.business.site

Se vi accontentate di una location alla buona, assaggiate queste pizze cotte nel forno a legna. Poi fate una passeggiata in zona, siete nel cuore del 5° arrondissement, dietro place Contrescarpe.

Faggio Pizzeria 

16 Passage des Panoramas

www.faggioparis.com

All'interno di Passage des Panoramas, si trova questo locale di italiani che serve solo pizza. Ma che pizza! Una delle più buone mangiate negli ultimi anni e cotta nel forno a legna. E c'è anche una location al 72 di rue Marguerite de Rochechouart.

Gyoza Bar 

56 Passage des Panoramas

Provate ad assaggiare i *gyoza* (in varie versioni) che propone questo piccolo locale nel Passage. Non ne resterete delusi. Ottimo anche per un aperitivo.

Apeti €€

- 72 rue du Cherche-Midi
- www.apeti.fr

Nel cuore del 6° arrondissement, troverete le verdure lavorate in tutti i modi possibili e in tutte le forme e colori. Ideale per vegani, ma anche non.

Bouillon Chartier €€

- 7 rue du Faubourg Montmartre
- www.bouillon-chartier.com

Ma come vanno pazzi i parigini per il ristorante "bouillon", quelli che offrono cucina tipica e di solito un unico piatto in menù (o così vorrebbe la tradizione). Chartier è il migliore della città e lo confermano le lunghe file di attesa all'esterno. Fondato nel 1896, si trova nel 9° ed è monumento nazionale in stile Art Nouveau, gli alti soffitti e le vetrate che regalano luminosità.

Bouillon Pigalle €€

- 22 bd de Clichy
- www.bouillonlesite.com

Di questa catena va parte anche Bouillon République e si trova al 39 di boulevard du Temple.

Chez Janou €€

- 2 rue Roger Verlomme
- www.chezjanou.com

Piatti in stile provenzale e una lista dedicata al pastis. Il locale è molto bello e con un'allure vintage.

Chez Justine €€

- 96 rue Oberkampf
- justineparis.fr

Ottime pizze in stile napoletano e ben farcite servite su taglieri di legno. Si possono ordinare anche insalatone miste e carni al barbecue.

Chez Omar €€

- 47 rue Bretagne
- www.chez-omar-paris.business.site

Avete voglia di assaggiare il couscous più buono di Parigi? Senza dubbio nel bel locale di Chez Omar nel Marais. Per la sera serve la prenotazione.

Chez Paul €€

- 13 rue de Charonne
- www.chezpaul.com

Aperto tutti i giorni dalle 12 alle 24, propone *cuisine fait maison*.

Daroco Bourse €€

- 6 rue Vivienne
- www.daroco.fr

C'è chi si ricorderà, qui, il negozio di abbigliamento di Jean Paul Gaultier. Oggi nella Gallerie Vivienne si trova un ristorante con soppalco. La trattoria è aperta 7/7 e si servono anche pizze cotte nel forno a legna.

Double Fond €€

- 1 place du Marché Sainte-Catherine
- www.doublefond.com

In una delle piazze più belle di Parigi, si trova questo ristorante-teatro in cui si può assistere a spettacoli di magia, unico di questo genere in tutta la Francia. Consigliato prenotare.

Eugène Eugène €€

38-40 rue Eugène Eichenberger, Puteaux

www.eugene-eugene.fr

Se volete uscire dal centro di Parigi, appena oltre La Défense, potete provare questo straordinario ristorante perfetto per una giornata di pioggia grazie alla luminosa veranda ricca di piante verdi. Cucina tradizionale.

Iovine's €€

7 bis rue du Colonel Driant e altri

www.iovines.com

L'arte della pizza napoletana esportata a Parigi.

Jah Jah by Le Tricycle €€

11 rue des Petites Écuries

Clima informale e cucina afrocaraibica che include una interessante proposta vegana.

Kunitoraya €€

5 rue Villédo

www.kunitoraya.com

Udon stirati a mano e fatti in casa con farina di grano giapponese: se siete amanti di questo piatto dovete provarli. Vi toccherà fare la fila perché non siete le sole.

L'Artisan Libanais €€

46 rue Oberkampf e un altro

www.artisan-libanais.com

Cucina tipica libanese per un pasto diverso dal solito. Il secondo ristorante è al 91 di rue de Belleville.

L'Entrée des Artistes €€

- 30 rue Victor Massé
- www.lentreedesartistespigalle.com

Siamo a Pigalle, il regno del divertimento notturno, e questo ristorante e cocktail bar è disposto su due piani. Bellissime finestre inondano il locale di luce che resta soffusa mentre si ascolta musica da un giradischi.

La Crète €€

- 85 rue Mouffetard
- www.restaurantlacreteparis.com

In una delle vie più popolate dai ristoranti internazionali, per bontà e unicità spicca questo greco, con veri greci in cucina e in sala. Insomma, forse non ho mangiato mai così bene greco neanche in Grecia. Non prende prenotazioni, ma la fila vale la pena.

La Rôtisserie d'Argent €€

- 19 quai de la Tournelle
- www.tourdargent.com

Nato come tipico ristorante lionese a base di carne, oggi è un tipico bistrot parigino. Si viene qui per assaggiare le prelibatezze del *rôtissoire*.

Le Bougainville €€

- 5 rue de la Banque

All'interno della Gallerie Vivienne si trova questo autentico bistrot francese.

Le Clown Bar €€

- 114 rue Amelot
- www.clown-bar-paris.fr

Siamo nel cuore del Marais, vicino al Cirque d'Hiver. Ammirate le pareti piastrellate dietro al bancone del bar e i soffitti sui quali sono rappresentati dei clown.

Le Nemours €€

☑ 2 à 7 Galerie de Nemours, 2 place Colette
🖳 www.lenemours.paris
A due passi dal Palais Royal e vicino al Louvre, la sua terrazza è situata tra le colonne di place Colette. Si tratta di una vera istituzione parigina.

Le Petit Châtelet €€

☑ 39 rue de la Bûcherie
🖳 www.restaurantlepetitchatelet.fr
Un ristorante di famiglia aperto dal 1951 e che un tempo si chiamava Auberge Maillard. Sembra davvero un piccolo castello e si affaccia su Notre-Dame e la Senna.

Le Petit Marché €€

☑ 9 rue de Béarn
🖳 www.lepetitmarche.eu
Aperto tutti i giorni, a pranzo e a cena (fino alle 2 del mattino), è l'ideale per un pasto in compagnia.

Le Potager de Charlotte €€

☑ 12 rue Louise-Émile de la Tour d'Auvergne
🖳 www.lepotagerdecharlotte.fr
Una delle migliori offerte per vegani in città, che saprà accontentare con il gusto anche tutti gli altri. C'è anche una sede al 21 di rue Rennequin.

Le Puits de Légumes €€

☑ 18 rue du Cardinal Lemoine
Semplice ma molto amato da chi vive nel 5° arrondissement, è un ristorante vegetariano e bio.

Le Royal China €€

- 85 rue Beaubourg
- www.royalchina.fr

Voglia di un buon ristorante cantonese a Parigi?
La risposta può essere Le Royal China. Assaggiate
i *dimsum* fatti in casa.

Le Soufflé €€

- 36 rue du Mont Thabor
- www.lesouffle.fr

Si dice sempre che il soufflé è uno dei piatti più
complicati della cucina, allora perché non assaggiarlo proprio qui? Sia nella versione salata sia in
quella dolce.

Le Verre Volé €€

- 67 rue de Lancry
- www.leverrevole.fr

È una *cave à manger*, ma anche un rivenditore di
vini. Il menù è solo a base di prodotti freschi e
cambia ogni giorno.

Les Petits Crus €€

- 13 Rue Saint-Sabin
- www.lepetitscrus.com

Qui si punta tutto sul matrimonio perfetto tra formaggi e vini. Fatevi guidare nella degustazione.
Se siete appassionati di formaggi, è un posto per
il quale le vostre papille gustative ringrazieranno.

Mabrouk €€

- 64 rue Réaumur
- www.mabrouk-paris.fr

Un autentico ristorante di cucina tunisina in un
locale con le piastrelle azzurre. Come dessert, scegliete il bambalouni.

Maison Paul €€

- 15 place Dauphine
- www.restaurantpaul.fr

Una vera e propria istituzione in una delle piazze più belle della capitale francese. Un tempo il ristorante era chiamato Au rendez-vouz des cochets ed era un punto d'incontro di artisti e intellettuali.

Pizzeria Tripletta €€

- 88 bd de Belleville
- www.triplettapizza.com

Un locale trendy che prepara pizze napoletane cotte nel forno a legna.

PNY Burger €€

- 15 rue de la Gaité e altri
- www.pnyburger.com

Aperto 7/7, si vanta di avere il miglior hamburger del mondo. Se siete appassionati di questo tipo di fast food, è da provare. Ci sono altri indirizzi in città: 1 rue Perrée, 96 rue Oberkampf, 50 rue du Faubourg Saint-Denis, 24 rue Pierre Fontaine, 120 rue du Faubourg Saint-Antoine.

Racines €€

- 8 Passage des Panoramas
- www.racinesparis.com

Un delizioso bistrot parigino caratterizzato per la cottura lenta dei piatti che propone. La location nel passage parla già da sé.

Ragazzi €€

- 2 rue Guénot

Un'ottima e morbida pizza si può mangiare da Ragazzi, ristorante italiano. Aperto tutti i giorni a pranzo e a cena.

Restaurant de La Mosquée de Paris €€

39 rue Geoffroy-Saint-Hilaire

www.la-mosquee.com

Proprio alle spalle della Grande Moschea di Parigi e di fronte all'ingresso del Jardin des Plantes, si apre su un angolo un po' nascosto una deliziosa pasticceria e ristorante in stile marocchino. Si può accedere da qui anche all'hammam. Divertitevi tra dolci nordafricani, *tajine* e couscous e non dimenticate il tè alla menta.

Restaurant Le Square Trousseau €€

1 rue Antoine Vollon

www.squaretrousseau.com

Una bella terrazza esterna e uno spazio elegante all'interno. Si trova tra la Bastille e le marché d'Aligre.

Wild & The Moon €€

55 rue Charlot e altri

www.wildandthemoon.fr

Se volete detossinarvi o se viete vegani, questo è il posto che potrebbe fare per voi. In questo ristorante si entra in un universo bio in cui sono proposti alimenti olistici e un vero e proprio lifestyle. Insomma, un'esperienza.

Zola €€

62 Passage des Panoramas

www.zola.paris

Non fa riferimento all'autore Émile, bensì al diminutivo del famoso formaggio italiano, il gorgonzola. Aperto tutti i giorni a pranzo e a cena nella cornice di questo bellissimo passage, propone cucina italiana, soprattutto piatti di pasta.

Chez Julien €€€

☑ 1 rue du Pont Louis-Philippe

🖥 www.chezjulien.paris

Un delizioso ristorante con decorazioni che risalgono ai primi del Novecento e ampie vetrate che danno sulla strada. Atmosfera resa romantica dalla luce delle candele, di sera.

Clamato €€€

☑ 80 rue de Charonne

🖥 www.clamato-charonne.fr

È un locale firmato Bertrand Grébaut ma con un menù informale con proposta prevalentemente di pesce e di frutti di mare. Non è possibile prenotare.

Girafe Paris €€€

☑ 1 place du Trocadéro et du 11 Novembre

🖥 www.girafe-restaurant.com

Mangiare pesce e crostacei con vista Tour Eiffel? Qui si può fare. Il ristorante è elegante, vestitevi in modo appropriato e ricordatevi di prenotare.

La Tour d'Argent €€€

☑ 15-17 quai de la Tournelle

🖥 www.tourdargent.com

È la versione di lusso della *rôtisserie* ed è uno storico stellato Michelin della capitale francese. Vista memorabile dalla sala.

Le Potager du Marais €€€

☑ 26 rue Saint-Paul

🖥 www.lepotagerdumarais.fr

In una delle strade più caratteristiche del Marais, questo ristorante offre cucina francese rivisitata in chiave vegana. Possibili anche piatti gluten free.

Le Train Bleu €€€

- place Louis-Armand
- www.le-train-bleu.com

Si tratta di uno dei più iconici ristoranti parigini
con una location da favola, ampie vetrate, stuc-
chi, lampadari come fosse una reggia e una cucina classica francese, compresi *foie gras* e tar-
tare.

Les Ombres €€€

- 27 quai Branly
- www.lesombres-restaurant.com

Nel cuore del giardino del museo di Quai Branly,
il ristorante offre una vista impareggiabile sulla
Tour Eiffel. Il menù è a base di reinterpretazioni
dei classici francesi.

Perruche €€€

- Printemps De L'Homme, 2 Rue du Havre
- www.perruche-restaurant.com,

Uno dei più bei ristoranti con terrazza per godere
della vista sui tetti di Parigi dal nono piano. Si serve classica cucina provenzale.

Septime €€€

- 80 rue de Charonne
- www.septime-charonne.fr

È la versione più formale del Clamato. Infatti la firma è sempre di Grébaut insieme a Théo
Pourriat. Il menù a pranzo è più alla mano, di
sera tutto si fa più serio. Anche il costo. Ricordatevi di prenotare almeno con tre settimane d'anticipo.

Udon Bistrot Kunitoraya €€€

- 41 rue de Richelieu
- www.kunitoraya.com

Questa è la versione più elegante di Kunitoraya al 5 di rue Villédo. In cucina si mixano sapori francesi e giapponesi. La prenotazione è indispensabile.

DOVE ASSAGGIARE IL BOEUF BOURGUIGNON

Se avete visto il film *Julie & Julia* (2009, con Meryl Streep, Amy Adams e Stanley Tucci), vi sarà rimasto impresso il famoso *Boeuf Bourguignon*. Ma dove assaggiarlo a Parigi? Qui ho selezionato alcuni locali in cui andare sul sicuro: Le Cabanon de la Butte (6 rue Lamarck, www.lecabanondelabutte.fr), Le Petit Sommelier de Paris (49 av du Maine, www.lepetitsommelier-paris.fr), Le Volant Basque (13 rue Béatrix Dussane, www.levolantbasque.fr), Au Bourguignon du Marais (52 rue François Miron, www.aubourguignondumarais.fr), Chez Fernand Christine (9 rue Christine, www.chezfernand.fr), Le Clos Bourguignon (39 rue de Caumartin, www.le-clos-bourguignon.eatbu.com), Joséphine Chez Dumonet (117 rue du Cherche-Midi, www.chezdumonet.com), Le P'tit Troquet (28 rue de l'Exposition, www.leptittroquet.fr), Chez Toinette (20 rue Germain Pilon), Le Café des Musées (49 rue de Turenne, www.lecafedesmusees.fr). Ricordatevi di chiamare e chiedere se va prenotato con anticipo questo piatto così gustoso e particolare. E ovviamente tenete questa lista valida anche per assaggiare altre ricette francesi.

Speakeasy o bar caché

Il termine speakeasy risale agli anni Venti e si traduce con parlare piano, ma questi locali erano chiamati anche *blind pig* o *blind tiger*, ed erano esercizi commerciali in cui, negli anni del proibizionismo negli Stati Uniti (1920-1933 circa), si vendevano illegalmente le bevande alcoliche. Oggi si conoscono anche come *secret bar* e si tratta di quelli nascosti, senza insegne, celati dietro una porta all'interno di un altro locale, che vivono con il passaparola. In francese sono i *bar caché*.

Grazie a Irene Vigliaroli, che vive a Parigi, ne abbiamo raccolti un po'. Però… acqua in bocca!

Beefbar

 49 rue Volta

È il secret bar di Anahi, un ristorante argentino che occupa una vecchia macelleria nel Marais. In fondo alla sala un'alcova cela il bar.

Candelaria

 52 rue de Saintonge

 www.candelaria-paris.com

Dall'esterno si vede un piccolissimo bar di tapas, si attraversa e dietro una porticina si entra in una piccola grotta. Vale la pena andarci perché è ben frequentato e preparano cocktails molto buoni.

L'Epicer

 24 rue Notre-Dame-de-Nazareth

L'ingresso è da un piccolissimo negozio di alimentari, di quelli di fortuna aperti tutta la notte, c'è una porticina in fondo e per farla aprire bisogna spostare una scatola da uno scaffale. Si accede a un bar su due piani.

L'Orphée

 7 rue Pierre Fontaine

Si trova in zona Pigalle e per entrare si passa da un palazzo anonimo, ma sulla sinistra c'è una porta che svela questo *bar caché*. Consigliato per i giovanissimi, 18/25 anni.

La Machine du Moulin Rouge

 90 bd de Clichy

www.lamachinedumoulinrouge.com

In pochi conoscono questo bar nascosto all'aperto sul tetto del famoso Moulin Rouge. A sinistra del Moulin Rouge c'è una stradina e dopo pochi metri sulla destra vi imbatterete in una scala che vi condurrà a un grande bar con giardino esterno. Ma non è finita qui: dovrete entrare e chiedere l'accesso al bar sul tetto che è sulla destra. Salendo le ultime scale, vi ritroverete su una terrazza che accoglie la punta del mulino rosso e potrete bere un boccale di birra proprio di fianco a questa meraviglia.

Lavomatic

30 rue René Boulanger

www.lavomatic.paris

Si entra in una vera lavanderia a gettoni, una delle lavatrici cela una porta che conduce al piano superiore dove si trova un piccolo bar. Si può bere vino, cocktails e anche mangiare qualcosina.

Le 1905

25 rue Beautrellis

www.le1905.com

È un *bar caché* in stile Belle Époque interessante, ha una *terasse* riscaldata con giardino. Cocktail molto buoni. Si accede da una scala vicino alla facciata di Vins des Pyrénées, sulla destra, e si en-

tra in un appartamento stile british anni Trenta, proprio per essere catapultati nel periodo del proibizionismo.

Le Comptoir Général

84 quai de Jemmapes

www.lecomptoirgeneral.com

Siamo alle spalle del Canal Saint-Martin. Vi si aprirà un giardino con bar in stile coloniale dopo aver attraversato il corridoio proprio dietro l'*épicerie*.

Little Red Door

60 rue Charlot

www.lrdparis.com

Preparatevi a fare un po' di coda all'esterno. Si accede da una porticina rossa. I cocktail valgono il giro qui.

Mezcaleria Paris Bar

13 bd du Temple

www.1k-paris.com

Si accede passando dall'hotel 1K. Al fondo del ristorante si raggiunge una piccola porta che va in cucina e poi appare il bar che è molto più grande dei classici *secret bar*, in stile messicano. Ma le sorprese non sono finite perché c'è uno speakeasy ancora più segreto, un vero e proprio bar clandestino: La Malicia, che accoglie solo 25 persone e potrete accedere soltanto se il bartender vi riterrà simpatici e all'altezza. Allora vi svelerà l'ingresso. Forse è il più bello di Parigi.

Moonshiner

5 rue Sedaine

Questo *bar caché* è in stile newyorkese. Si accede attraverso la pizzeria Da Vito e si deve attraversare

133

una cella frigorifera. I cocktail sono ottimi e hanno nomi divertenti.

No Entry

 20 bis rue de Douai

www.bigmammagroup.com

Si trova all'interno del ristorante Pink Mamma, si entra nel ristorante, si scendono le scale attraversando una cella frigo e si accede a questo baretto con le pareti decorate da bottiglie colorate.

Pigalle Country Club

 59 rue Jean-Baptiste Pigalle

 www.pigallecountryclub.com

Questo indirizzo è proprio per gli irriducibili ed è uno dei pochi bar di Parigi che resta aperto sin dopo le 2 del mattino. L'atmosfera è molto grunge e più che un *bar caché* è un locale non turistico, per cui da provare.

Serpent à Plume

24 place des Vosges

www.serpentaplume.com

Forse è il locale con minor effetto sorpresa di questo elenco, ma è interessante perché mettono la musica e si può ballare. Si accede al *secret bar* entrando nel negozio d'abbigliamento al piano terra e prendendo le scale che portano nel seminterrato.

Dove dormire

Familia Hôtel 

11 rue des Ècoles

www.familiahotel.com

Un due stelle nel Quartier Latin di Parigi che all'ultimo piano offre stanze con vista su Notre-Dame.

Hôtel Antoine 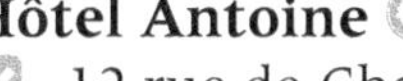

12 rue de Charonne

www.hotelantoineparis.com

A due passi da place de la Bastille e non lontano dal quartiere del Marais, si trova questo albergo che offre anche sala fitness e sauna. Alcune stanze sono colorate di rosa.

Hôtel des Grandes Ecoles

75 rue du Cardinal Lemoine

www.en.hoteldesgrandesecoles.com

Nel cuore del 5° arrondissement, in una corte privata con un delizioso giardino in cui è possibile fare colazione durante le giornate di sole. Da evidenziare la grande cortesia del personale e il clima familiare. A pochi passi da place Contrescarpe. Da tenere presente per il garage se siete in auto.

Hôtel Diana ⓔ

☑ 73 rue Saint-Jacques

🖥 www.hotel-diana-paris.com

Troverete solo recensioni alte per questo due stelle a conduzione familiare nel Quartier Latin.

Hôtel du Dragon ⓔ

☑ 36 rue du Dragon

🖥 www.hoteldudragon.com

Forse – per la qualità che offre – uno dei migliori alberghi di questa zona. Siamo nel 15° arrondissement a Saint-Germain. Belle le stanze, alcune delle quali con le travi a vista.

Hôtel Georgette ⓔ

☑ 36 rue du Grenier-Saint-Lazare

🖥 www.hotelgeorgette.com

Si trova nel Marais, a poche centinaia di metri dal Centre Pompidou, e riflette lo stile artistico del quartiere in cui ha sede. Divertenti i paralumi ispirati alle lattine di zuppa Campbell di Andy Warhol.

Hôtel Henriette ⓔ

☑ 9 rue des Gobelins

🖥 www.hotelhenriette.com

Un boutique hotel nel 3° arrondissement, vicino a rue Mouffetard e al Quartier Latin. Qui di certo si ritrova l'atmosfera bohémienne anche grazie ai pezzi vintage nelle camere. Bello il patio con le grandi vetrate.

Hôtel La Comtesse ⓔ

☑ 29 av De Tourville

🖥 www.comtesse-hotel.com

Ognuna delle 40 stanze di questo boutique hotel

offre una vista incredibile sulla Tour Eiffel. Si trova nel 7° arrondissement.

Hôtel Port Royal ⓔ

- 8 bd de Port-Royal
- www.port-royal-hotel.fr

Siamo nel Quartier Latin e questa è un'altra proposta per chi desidera spendere poco nella capitale francese. Si tratta di un elegante albergo a conduzione familiare da quattro generazioni. Durante la bella stagione c'è un bel giardino dove fare colazione.

25hours Hôtel Terminus Nord ⓔⓔ

- 12 bd de Denain
- www.25hours-hotels.com

Bello e comodo per viaggiare, di fianco alla Gare du Nord. C'è anche una brasserie omonima aperta dal 1925.

Amour Hôtel ⓔⓔ

- 8 rue de Navarin
- www.amour.hotelamourparis.fr

Un inno all'amore fin dall'insegna rossa luminosa che spicca lungo la via e che potete ammirare anche da alcune stanze dell'albergo.

Grand Amour Hôtel ⓔⓔ

- 18 rue de la Fidélité
- www.grandamour.hotelamourparis.fr

È il fratello più giovane dell'Amour di Pigalle. Anche questo è un inno all'amore e agli innamorati. Se non soggiornate nell'hotel, fate comunque una pausa nel bistrot.

Hidden Hôtel €€

- 28 rue de l'Arc de Triomphe
- www.hidden-hotel.com

Che mi piacciano i luoghi nascosti, non è una novità. E di più segreto di questo hotel in zona Champs-Élysées c'è davvero poco o nulla. Quattro stelle e prezzi di un certo livello.

Hôtel Adèle & Jules €€

- 2 Cité Rougemont
- www.hoteladelejules.com

Un albergo chic ma familiare nel 9° arrondissement. Si trova in una strada privata per cui è molto silenzioso. Possibilità di un comodo posto auto.

Hôtel Caron de Beaumarchais €€

- 12 rue Vieille du Temple
- www.carondebeaumarchais.com

Ciò che ci aspettiamo di trovare in un albergo parigino è tutto qui, nel cuore del Marais. Molto bella la carta da parati a fiori. Chiedete una stanza con balconcino tra i tetti della città.

Hôtel du Petit Moulin €€

- 29 rue de Poitou
- www.hotelpetitmoulinparis.com

Una residenza segreta nel Marais: un tempo panetteria, oggi un albergo arredato da Christian Lacroix.

Hôtel Fabric €€

- 31 rue de la Folie Méricourt
- www.hotelfabric.com

Nell'11° arrondissement, tra place de la Republique e place de la Bastille, un albergo moderno dallo stile industriale e con stanze con soffitti molto alti.

Hôtel Molière ⓔⓔ

☑ 21 rue Molière

🖥 www.hotel-moliere.fr

In pieno centro, tra il Louvre, le Tuileries, Palais Royal e Châtelet. Dispone anche di un centro wellness.

Hôtel Paris Bastille Boutet ⓔⓔ

☑ 22-24 rue Faidherbe

🖥 www.hotel-paris-bastille-boutet.com

È un gioiello nel cuore del quartiere Bastille: dalla facciata originale che risale al 1926 alla sua storia (prima falegnameria e poi fabbrica di cioccolato), e per finire alla piscina illuminata da bei lucernari.

L'Hôtel ⓔⓔ

☑ 13 rue des Beaux Arts

🖥 www.l-hotel.com

Questo albergo è stata l'ultima residenza che ha ospitato Oscar Wilde, che infatti è morto qui nel 1900. Ed è ancora possibile prenotare la Suite Oscar Wilde. Il bel bar interno è aperto anche a chi non soggiorna nell'albergo. Si trova anche Le Restaurant, ristorante stellato.

Les Jardins du Marais ⓔⓔ

☑ 74 rue Amelot

🖥 www.lesjardinsdumarais.com

Nel quartiere più desiderato per un soggiorno, il Marais, un albergo con giardino e veranda. Siamo in una zona molto chic, tra rue Bonaparte e rue de Seine, sulla *rive gauche*.

Four Seasons Hôtel George V ⓔⓔⓔ

☑ 31 av George V

🖥 www.fourseasons.com

244 tra camere e suite e una preziosa collezione

d'arte, nonché una spa. Situato nel triangolo d'oro di Parigi, a pochi passi dagli Champs-Élysées, si trova in un edificio del 1928. Straordinarie le stanze con balcone che affaccia sulla Tour Eiffel.

Hôtel Juliana €€€

- 10-12 rue Cognacq Jay
- www.juliana-paris.com

Un cinque stelle in *rive gauche*, a pochi passi dalla Senna. Interessanti il solarium sul tetto, la sauna e la sala fitness, non così scontate nel centro di Parigi.

Hôtel Les Bains €€€

- 7 rue du Bourg l'Abbé
- www.lesbains-paris.com

Nato come stabilimento termale, si è trasformato poi in un locale notturno e oggi è uno dei più interessanti (e costosi) alberghi della capitale francese.

Hôtel Molitor €€€

- 13 rue Nungesser et Coli
- www.mltr.fr

Un complesso incantevole art déco, costruito nel 1929. Abbandonato alla fine degli anni Ottanta è stato poi restaurato. E della sua famosa piscina avrete di certo visto qualche immagine nel film *Vita di Pi*. Le 124 camere dell'albergo sono disposte lungo una balconata che si affaccia sull'elegante piscina all'aperto. Anche se non avete una stanza qui, andate alla Brasserie Urbaine.

Hôtel Particulier Montmartre €€€

- 23 av Junot Pavillon D
- www.hotelparticulier.com

Celato dietro a un alto muro, si trova una degli hotel più romantici di Parigi. Per entrare, dovete suonare il campanello del cancello nero al civico 23, quello senza insegna. Immerso in un giardino delizioso, vi farà ricordare il viaggio.

Hôtel San Régis 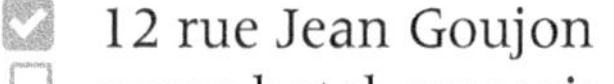

☑ 12 rue Jean Goujon
🖥 www.hotel-sanregis.fr
Uno dei miei preferiti per un soggiorno speciale e comprare sempre nelle classifiche degli alberghi più belli e romantici del mondo. Gli interni sono molto eleganti con mobili d'epoca, bella la sala per fare colazione nella veranda. Impagabile la vista sulla Tour Eiffel da alcune stanze, anche con piccolo balcone.

Hôtel Splendid Étoile €€€

☑ 1 av Carnot
🖥 www.hsplendid.com
A pochi passi dagli Champs-Élysées, questo albergo 4 stelle con bagni di marmo offre stanze con una bellissima vista sull'Arc de Triomphe.

Pavillon de La Reine 

☑ 28 place des Vosges
🖥 www.pavillon-de-la-reine.com
In una delle piazze più belle di Francia, nel Marais, l'albergo si trova in un bellissimo edificio del XVII secolo. Una spa è a disposizione degli ospiti.

The Peninsula Paris €€€

☑ 19 av Kléber
🖥 www.peninsula.com
Un 5 stelle con una bellissima terrazza all'ultimo piano dell'albergo. Molto belli i bagni in marmo con vasca da bagno. Una spa a disposizione della clientela. A poche centinaia di metri dall'Arc de Triomphe.

Shopping

Abbigliamento e accessori

Abou d'Abi Bazar

 33 rue du Temple

www.aboudabibazar.com

Nel Marais, una boutique multimarca che propone una selezione di oltre 70 marchi di *prêt à porter* e accessori. C'è un negozio anche al 59 di rue des Francs Bourgeois.

Antoine and Lili

 95 quai de Valmy e altri

 www.antoineetlili.com

Lungo il Canal Saint-Martin si trova questo colorato negozio che è suddiviso in abbigliamento, oggettistica per la casa e anche cartoleria e qualche giocattolo. Insomma, ci passerete almeno un'ora, per vederlo tutto per bene. Impossibile non riconoscere le sue vetrine: rosa, verdi e gialle.

A.P.C.

 35-38 rue Madame e altri

www.apcstore.co.uk

Siete abituate a guardare lo store online e ad acquistare a distanza, ma a Parigi potete sbizzarrirvi nei

suoi innumerevoli punti vendita. Da non perdere le borse e il denim. Vi lascio qualche altro indirizzo: 3 boulevard des Filles du Calvaire, 5 rue de Marseille, 61-64 rue Condorcet, 12 rue d'Alger, 23 rue Royale.

Bensimon

 20 rue des Pyramides e altri

www.en.bensimon.com

Conoscete di certo le scarpe estive sportive in gomma e tela di Bensimon. Nei concept store oltre all'abbigliamento potete trovare oggetti di arredo per la casa.

Boutique Maison Labiche – Saint-Germain

 18 rue du Vieux Colombier e altri

www.maisonlabiche.com

Questa di Saint-Germain è la sede più bella. Non solo abbigliamento per donne, ma anche maschile (da cui prendere qualche idea e – perché no – anche qualche maglioncino) e per bambini. Qui trovate le classiche magliette con le righe orizzontali in stile bretone che tanto amano le parigine.

Carel

 4 rue Tronchet e altri

www.carel.fr

Le scarpe Mary Jane che propone in vernice con tre fibbiette sono un vero must. Anche perché hanno il tacco dell'altezza perfetta. Andate a provarle.

Caroll

 138 rue de Rivoli e altri

www.caroll.com

Mi piacciono soprattutto le loro camicette e gli abiti. Stile francese, prezzi interessanti.

Coupons Dreyfus

- 2 rue Charles Nodier
- www.marchesaintpierre.com

Al Marché Saint-Pierre potete fare scorta di stoffe ma, soprattutto, non mancate di salire al quarto piano dell'edificio per ammirare le cupole del Sacré-Coeur.

Ekyog

- 23 rue des Francs-Bourgeois e altri
- www.ekyog.com

Se siete interessati all'abbigliamento bio ed eco-responsabile, questo è il marchio da scoprire a Parigi.

FRNCH

- 94 bd de Sébastopol
- www.frnch.fr

Uno dei marchi parigini di abbigliamento più amati. Collezioni colorate di abiti, maglieria, cappotti.

La2L Bijoux

- 18 rue Commines
- www.la2l.com

Dal 2009 la designer parigina Marie-Hélène Spitzer cura la collezione di bijoux in questo atelier nel Marais. Io impazzisco per gli anelli. Andate a vederli perché i prezzi sono accessibili.

Lili la Tigresse

- 119 bd de Sébastopol
- www.lili-la-tigresse.business.site

Per taglie morbide e plus size, un negozio di abbigliamento in stile parigino da non perdere.

Merci

 111 bd Beaumarchais

www.merci-merci.com

Si entra da un grazioso cortile in questa boutique su più piani che propone abbigliamento per donna e per uomo, ma anche profumi, gioielli e piccolo arredamento per la casa. Approfittatene anche per una pausa caffè o per dare uno sguardo alle installazioni di design che ospita molto spesso.

L'Appartement Sézane

 1 rue Saint-Fiacre e altri

www.sezane.com

Sono certa che siate già appassionate di questo marchio in puro stile francese. La parete con la maglieria è da lasciare senza parole. Date uno sguardo soprattutto alle camicette e alle bluse in puro cotone.

Larry Deadstock

 65 rue de Saintonge

Cercate scarpe – soprattutto sportive di marchi noti – per i vostri piedi giramondo? Qui dovrete fare la fila per trovare i fondi di magazzino che fanno per voi, ma a ottimi prezzi.

Laulhère Paris

 14-16 rue du Faubourg Saint-Honoré

www.laulhere-france.com

Il nome completo recita: *"the French beret since 1840"*. Quindi non potete ripartire dalla capitale francese senza un basco di Laulhère. Interessante sapere che in boutique potete anche farlo personalizzare.

145

Le Slip Français

☑ 137 rue Vieille du Temple

🖥 www.leslipfrancais.fr

Biancheria intima tricolore come la bandiera francese in un bell'ambiente con le travi a vista. Lo dice il nome, dagli slip fino ai costumi da bagno e ai calzini. Ci sono altri punti vendita: per esempio al 63 di rue Montmartre e all'1 di rue Guichard a Passy, ma anche altri.

Maison Goyard

☑ 352 rue Saint-Honoré e altri

🖥 www.goyard.com

Per gli appassionati di borse logate, questo è un indirizzo imperdibile. Un negozio di culto dal 1853, anche per le borse da viaggio.

Marion Vidal

☑ 13 av Trudaine

🖥 www.marionvidal.com

Se siete appassionate di moda non potete non averla sentita già nominare. La stilista ha una sua etichetta dal 2004, ma ha creato anche per Lacoste, Céline, Christofle. Amo il suo stile colorato e raffinato.

Rouje

☑ 11 bis rue Bechaumont

🖥 www.rouje.com

In un bel quartiere di Parigi, il delicato negozio di Rouje con le proposte in stile francese. Molto valida la tela denim dei jeans.

Samaritaine

☑ 9 rue de la Monnaie

🖥 www.dfs.com/en/samaritaine

Dall'abbigliamento ai gioielli, dagli orologi alla

profumeria, la Samaritaine ha riaperto nei mesi scorsi completamente rinnovata. Da non perdere il gioco di scale e di affacci sul piano terra. Aperto tutti i giorni.

Sandro

 www.eu.sandro-paris.com

Non vi segnalo indirizzi particolari perché troverete le boutique di Sandro un po' ovunque: dalla Samaritaine in rue de la Monnaie a Bon Marche in rue de Sèvres. Sul sito trovate i negozi in base alla vostra posizione. Stile francese, ormai un marchio mito: fa sempre piacere guardare che cosa propone di nuovo.

The Frankie Shop

 14 rue Saint-Claude

www.eu.thefrankieshop.com

L'etichetta di culto newyorkese ha aperto un suo spazio a Parigi. Potete cogliere l'occasione per vedere dal vivo ciò che cercate sempre sullo store online.

Tissus Reine

 3-5 place Saint-Pierre

www.tissusreine.com

Tessuti per la casa, merceria, passamanerie di tutti i tipi e tessuti per farvi confezionare un abito, anche quelli stampati in stile Liberty. Date un occhio sia alla biancheria per la casa sia alle forbici a forma di Tour Eiffel.

Verpal – Bijoux & Objets d'Exception

 19 rue du Pont Louis-Philippe

www.verpal.fr

Un laboratorio e un negozio in cui curiosare tra

gioielli dai prezzi interessanti. Per esempio l'anello Bague Éclipse a 80 € o il Collier Aurore a 65 €. Ci sono anche i pendenti con i segni zodiacali da 60 €.

Alimentari

À la Mère de Famille
 35 rue du Faubourg Montmartre e altri
www.lameredefamille.com
È la più antica cioccolateria di Parigi, risale al 1761. Trovate anche frutta secca pralinata. Ci sono numerosi punti vendita in città, tra cui al 70 di rue Bonaparte (bellissima location) e al 39 di rue du Cherche-Midi.

Barthélémy
 51 rue de Grenelle
Il tempio dei formaggi francesi selezionati in base alla stagionalità.

Berthillon
 29-31 rue Saint-Louis-en-l'Île
 www.berthillon.fr
Dagli anni Cinquanta è una delle più note e apprezzate gelaterie parigine. Monsieur Berthillon utilizza solo materie prime di qualità per i suoi gelati. Assaggiate anche i sorbetti.

Boulangerie Murciano
 16 rue de Rosiers
www.boulangerie-murciano.com
Deliziosi pasticcini francesi e ashkenaziti in un'elegante pasticceria con belle piastrelle decorate e marmi.

Fromager Marie-Anne Cantin

- 12 rue du Champ de Mars
- www.cantin.fr

Formaggi autentici e artigianali in vendita in questo locale fin dagli anni Cinquanta del Novecento.

Glace Bachir

- 58 rue Rambuteau e 7 rue Tardieu
- www.bachir.fr

Voglia di gelato? Assaggiate quello libanese di Bachir.

Le Pont Traversé

- 62 rue de Vaugirard
- www.leponttraverse.com

Divertitevi a scegliere le spezie in questa ex libreria che oggi offre anche il brunch.

Mariage Frères

- 260 rue du Faubourg Saint-Honoré e altri
- www.mariagefreres.com

I fratelli Mariage visitarono Madagascar, Persia e India alla ricerca delle migliori foglie di tè per la Corte francese. Oggi potete ancora provare i tè verdi e neri, il rooibos senza teina, il tè affumicato. Potete anche provare le sale da tè Mariage Frères.

Arredamento e casa

Asier de Villatte

- 173 rue Saint-Honoré e altri
- www.astierdevillatte.com

Potete trovare ceramiche di ispirazione sette e ottocentesca, pile di piatti da portata, candele e agende realizzate in copia unica. Per portare a casa un pezzetto di Parigi.

Atelier d'Autrefois

- 61 bd Beaumarchais
Negozio di musica e dischi nel 3° arrondissement.

Deyrolle

- 46 rue du Bac
- www.deyrolle.com
Ero molto scettica se inserire tra l'arredamento questo negozio, ma prendetelo un po' con le pinze. Se amate le stanze delle meraviglie e oggetti strani e stravaganti, fossili, animali imbalsamati e insetti, questo negozio vi incanterà. Potrebbe essere curioso anche per i figli adolescenti, tenetelo presente.

Drei Paris

- 21 rue de la Villette
- www.dreiparis.com
Decorazioni per interni e arte per la vostra casa e la vostra tavola. Anche oggetti vintage e nuovi ecosostenibili e responsabili.

French Trotters

- 128 rue Vieille du Temple
- www.frenchtrotters.fr
Una piccola boutique di abbigliamento per donna e per uomo, ma anche calzature e arredamento per la casa.

L'Objet Qui Parle

- 86 rue des Martyrs
- www.lobjetquiparle.fr
Soprattutto chincaglierie, all'"oggetto parlante",

ma a ben guardare anche tante curiosità, dai ritratti di famiglia, latte smaltate da collezione, piatti d'epoca e oggetti per l'arredo.

La Trésorerie

 8 e 11 rue du Château d'Eau
 www.latresorerie.fr
Articoli per la casa in un negozio che sembra un luminoso loft a pochi passi dal Canal Saint-Martin. C'è anche una tavola calda, il Café Smörgås con un menù scandinavo per la colazione e il pranzo.

Luka Luna

 77 rue de la Verrerie
C'è davvero di tutto in questo negozio in cui trascorrere un po' di tempo. Dagli oggetti per la casa a quelli che ci piacciono ma che sappiamo già che non hanno alcun utilizzo. Tantissime spillette da appuntarsi al bavero.

Marin Montagut

 48 rue Madame
 www.marinmontagut.com
Il celebre illustratore e artista francese Montagut ha aperto questa boutique in cui andare a curiosare i pezzi che propone per l'arredo della casa.

Nour Paris

 7 rue Trousseau
www.nourparis.fr
Si definisce French éco-concept store e propone tappeti e decorazioni per la casa. Non mancano abbigliamento e accessori.

Puzzle Michèle Wilson

☑ 39 rue de la Folie Méricourt e un altro

💻 www.puzzlemichelewilson.com

Per chi è appassionato di puzzle, questo è un negozio da visitare senza alcun dubbio. L'altro indirizzo è al 97 di rue Émile Zola.

Rupture Record Store

☑ 11 rue du Vertbois

💻 www.rupture.store

Ho inserito questo negozio che vende vecchi vinili nella sezione arredo casa perché mi sembrava fosse la più azzeccata, visto che i collezionisti arredano davvero parte della propria casa o dello studio con gli lp. Potete anche bere qualcosa al baretto interno.

The Conran Shop

☑ 117 rue du Bac

💻 www.conranshop.fr

Un iconico edificio in cui si trova la casa del design forse più vasta della città. Selezioni di mobili, lampadari, accessori per la casa e idee regalo. È aperto tutti i giorni.

Tombées du Camion

☑ 99 rue des Rosiers (Saint-Ouen)

💻 www.tombeesducamion.com

A una visita qui, se si è al mercato delle pulci di Saint-Ouen, non si dice mai di no: oggetti di recupero, industriali, tesori artigianali, antichità. C'è da divertirsi.

Bellezza

Fleux

 39, 40, 43, 52 rue Sainte-Croix de la Bretonnerie
www.fleux.com
Bellezza al primo posto, in questo concept store, ma anche decorazioni per la casa e moda. Ottimo per cercare qualche regalo particolare.

Les Dada East

 Fb: @LeSdAdAeAst
Desiderate un French Bob o un altro taglio di capelli alla parigina? Andate qui, gli indirizzi sono due: 52 rue Trousseau e 10 rue Popincourt.

Oh My Cream

 78 rue Montmartre e altri
www.en.ohmycream.com
Un concept store dedicato alla bellezza alternativa per prenderci cura della nostra pelle. Sono certa che trascorrerete qui delle ore. Altri indirizzi: 17 rue Debelleyme al Marais, 104 rue du Bac e 3 rue de Tournon.

Parle Moi de Parfum

 10 rue de Sévigné e 22 rue du Four
www.parlemoideparfum.com
C'è da sbizzarrirsi a Parigi per scovare profumi di nicchia, se siete delle appassionate. Vi consiglio questi due negozi – uno in *rive droite* e uno in *rive gauche* – per scoprire le fragranze di cui non poter più fare a meno.

Serge Lutens
 142 Galerie de Valois e 324 rue Saint-Honoré
www.sergelutens.com
Se amate i profumi e non conoscete le fragranze di Serge Lutens, dovete subito rimediare. Non solo boccette, ma anche cosmesi.

Fiori

Aoyama Flower Market
 96 rue du Bac
www.aoyamaflowermarket.net
Il primo negozio è nato ad Aoyama, nell'area di Tokyo, poi è stato aperto il negozio parigino, nel 2015. Da allora è un punto di riferimento per le composizioni di fiori freschi.

Boutique Les Fleurs
 6 Passage Josset e 5 rue Trousseau
www.boutiquelesfleurs.com
Un concept store che vi propone oggettistica per la casa, decorazioni, prodotti per bambini e ovviamente fiori e piante. Interessanti anche i bijoux.

Champ Libre
 104 av Ledru Rollin
Un piccolo paradiso, così è descritto dalle parigine che lo frequentano. Champ Libre offre una grande varietà di fiori recisi e piccole piante.

Happy fleurs
3 place Cambronne
www.happy.fr
Un negozio molto rifornito di fiori, ma date uno

sguardo anche al palazzo in cui si trova, girando l'angolo: sembra tagliato a metà e sottilissimo.

Luc Deschamps Artiste Fleuriste
 18 av Niel
www.deschampsfleuriste.com
È rinomato come il migliore fiorista di Parigi ed è conosciuto in tutto il mondo. Si trova nel 17° arrondissement.

Librerie e cartolerie

Artazart
 83 quai de Valmy
www.artazart.com
Una libreria d'arte e design con un'offerta di oggetti in ceramica e illustrazioni. Non potete non notare la facciata dipinta di rosso e passare oltre. Ottimo anche per un giro con i bambini perché c'è un'intera sezione dedicata.

Arts Populaires
 15 rue des Canettes
Qui trovate un po' di tutto, fa un po' da papeterie, ma ci sono anche gadget, miniature di Tintin, tessuti e oggettini che potete acquistare come regalo-souvenir. Siamo nella zona di Saint-Germain-des-Prés.

Gibert Joseph Paris Bookstore
 26 bd Saint-Michel
www.gibert.com
Una delle più fornite librerie della città, ma anche musica, video, cartoleria e giocattoli. Nel piano dedicato alla letteratura straniera ha una buo-

na proposta di titoli italiani. Potete trovare anche libri usati. È una delle mie preferite.

La Galcante

 38 rue de Charenton

www.lagalcante.com

Questa boutique è specializzata in giornali ed è una vera meraviglia. Una emeroteca in cui trovare stampa antica e di oggi.

La Libreria

 89 rue du Faubourg Poissonnière

www.libreria.fr

Dal 2006 una piccola libreria su due livelli gestita da italiani. Potete trovare libri in italiano e in francese e se manca il titolo che cercate, ve lo ordinano.

La Manoeuvre

 58 rue de la Roquette

Una libreria dall'animo jazz/rock (vendono anche musica) nell'11° arrondissement. Ricca proposta di libri di fotografia.

La Tour de Babel

 10 rue du Roi de Sicile

www.librairieitalienne.com

Nel Marais, questa libreria aperta dal 1984 propone libri in italiano e in francese e anche dizionari e metodi per apprendere le lingue. Date uno sguardo al calendario degli incontri con scrittori e artisti italiani.

Le Coupe Papier – La librairie du théâtre

 19 rue de l'Odéon

 www.lecoupepapier.wordpress.com

Il riferimento in città per chi è interessato alle arti

dello spettacolo, dal teatro alla danza e non solo. E per chi colleziona cartoline, una sezione dedicata a quelle vintage.

Librairie de l'Avenue
31 rue Lécuyer (Saint-Ouen)
www.librairie-avenue.fr
Dal 1961, oltre quindicimila titoli nel cuore del mercato delle pulci di Saint-Ouen e la più grande libreria della regione di Parigi.

Librairie Delamain
155 rue Saint-Honoré
www.librairie-delamain.com
Fondata nel Settecento, è la più antica libreria della città. Si trova a pochi passi dal Louvre dal 1906.

Librairie du Passage
48 Passage Jouffroy
Sembra una piccola bottega del passato, ma in realtà propone oltre trentamila titoli ed è una delle librerie più affascinanti di Parigi.

Librairie Jousseaume
45-46-47 Galerie Vivienne
www. librairie-jousseaume.com
Una bellissima libreria in uno dei più famosi passages couverts della capitale francese. Qui sono conservati quarantamila titoli dal XVII al XXI secolo.

Librairie Petite Égypte
35 rue des Petits Carreaux
www.petite-egypte.fr
Due piani strabordanti di libri (a quello superiore si accede con una scala a chiocciola) specializzati

in arti, letteratura, scienze umane. Anche edizioni per bambini, giochi e mappamondi. All'esterno c'è una panca per fermarsi a leggere.

Librairie Pierre-Adrien Yvinec

☑ 53 av de la Bourdonnais

Questo è un vero gioiello se siete alla ricerca di libri antiche, mappe e cartine.

Librairie Voyelle

☑ 98 rue des Entrepreneurs

Una libreria indipendente aperta nel 15° arrondissement dal 1985.

Marché du livre ancien et d'occasion

☑ 104 rue Brancion

🖥 www. marchedulivre.paris

È situato a pochi minuti a piedi dal mercatino delle pulci di Porte de Vanves ed è aperto ogni sabato e domenica sino a tardo pomeriggio.

Mélodies Graphiques

☑ 10 rue du Pont Louis-Philippe

🖥 www.melodies-graphiques.com

Se siete appassionate di cartoleria di un certo livello, un passaggio qui è davvero d'obbligo. Dai pennini agli inchiostri, alle carte di pregio.

Philippe le Libraire

☑ 32 rue des Vinaigriers

Philippe ha aperto nel 2007 e non ha mai mollato, neanche nei momenti più difficili, come dopo gli attentati terroristici del 13 novembre 2015, che colpirono in gran parte il 10° arrondissement. Qui trovate graphic novel, pubblicazioni illustrate, fumetti e una ampia scelta di titoli per l'infanzia.

Shakespeare and Company

 37 rue de la Bûcherie

www.shakespeareandcompany.com

È forse la libreria più nota e più fotografata non solo di Parigi, ma di Francia. Offre libri in lingua inglese (date anche un'occhiate alle loro famose shopper in tela!) ed è meta di pellegrinaggi dal 1954. Qui un tempo sorgeva un monastero vista Senna. Forse non tutti sanno che i giovani talenti o gli scrittori ancora poco conosciuti venivano invitati a dormire all'interno del negozio tra i libri. Iscrivetevi anche alla newsletter che è molto interessante e vi farà pensare a Parigi anche mentre siete al lavoro.

Stop Papeterie

 10 rue d'Hauteville

Una cartoleria molto fornita nel 10° arrondissement.

The Abbey Bookshop

 29 rue de la Parcheminerie

www.abbeybookshop.org

Libri nuovi e usati in lingua inglese nel Quartier Latin. Con i libri accatastati all'ingresso e le bancarelle in mezzo al marciapiede, è molto scenica, da vedere. Straordinario l'edificio in cui si trova, l'Hôtel Dubuisson. Hanno un secondo negozio al 38 bis di boulevard Beaumarchais.

Violette and Co

102 rue de Charonne

www.violetteandco.com

Siamo nell'11° arrondissement, vicino a place de la Bastille. Sono ben 800 metri quadrati quelli occupati dalla libreria che organizza anche incontri, dibattiti e mostre. La selezione dei libri compren-

159

de opere su religione, gender, adozione, omofobia, violenza di genere.

Non dimentichiamo i **Bouquinistes**, i venditori di libri usati lungo la Senna, una vera tradizione per Parigi. Un tempo erano almeno 240 e vendevano anche anticaglie, francobolli, riviste e sono patrimonio mondiale dell'Unesco. Purtroppo, negli ultimi anni di autentici bouquinistes ne sono rimasti davvero pochi, molti si sono trasformati in bancarelle che vendono souvenir.

Vintage, friperie e second hand

Adöm

35 rue de la Roquette
Vintage e soprattutto second hand per budget ridotti.

Alternatives

18 rue du Roi de Sicile
Un negozietto vintage non lontano dalla fermata del métro Saint-Paul nel Marais.

BIS Boutique Solidaire

7 bd du Temple e altri
www.bisboutiquesolidaire.fr
In questo charity shop e in quelli della stessa catena al 96 di rue Saint-Charles e al 19 di rue Lamartine trovate pezzi interessanti e anche uomo e bambino.

Bobby Paris

89 rue Réaumur
www.bobbyparis.com
"Buy now or cry later" è il loro slogan. Vintage degli

anni Novanta e Duemila e seconda mano in questo negozio di due piani nel cuore del Marais.

Brut Vintage Archives

 3 rue Réaumur

 www.brut-clothing.com

È un vintage solo uomo e c'è quasi sempre la fila fuori nel fine settimana. Perché ve lo consiglio? Perché mi piace molto il vintage da uomo indossato sulle donne, insomma, andiamo oltre, vestiamoci come ci piace, senza distinzione di sesso.

By Flowers

 86 rue des Martyrs

Una adorabile piccola friperie del 18° arrondissement. Molto interessante la selezione dei capi proposti e molte sono le offerte del giorno.

Casablanca

 17 rue Moret

www.casablanca-vintage.fr

Un piccolo negozio nell'11° arrondissement in cui trovare moda rétro dagli anni Trenta ai Settanta, non solo per donna, ma anche uomo e bambini. C'è chi dice che con l'odore di naftalina nell'aria sia la boutique vintage più autentica della città.

Celia Darling

5 rue Henry Monnier

Un piccolo negozio con capi firmati (e prezzi alti) anni Settanta, Ottanta e Novanta. Vale la pena passare e farsi consigliare dalla ragazza che lo gestisce, Zoe. Potete guardare il profilo Ig @ccliadarlingvintage.

Chez Snow Bunny

- 12 rue Dupetit-Thouars
- www.chezsnowbunny.fr

Tra il Marais e Rèpublique, propone soprattutto seconda mano e vintage sportivo o molto giovane.

Chinemachine

- 100 rue des Martyrs
- www.chinemachinevintage.com

Una friperie a Montmartre in cui trovate second hand del fast fashion ma anche vintage firmato. Interessanti anche i jeans. Occhio alle offerte del giorno! C'è un altro Chinemachine al 10 di rue des Petites Écuries.

Citizen Concept Store Dépôt-vente Luxe & Vintage Paris

- 22 rue de Thorigny
- www.citizenconceptstore.com

Prêt-à-porter, borse, accessori, gioielli e anche uomo: è uno degli indirizzi del vintage di lusso a Parigi. La curiosità: questo negozio vintage è stata una location del lungometraggio Personal Shopper con Kristern Steward.

Dépôt-vente Deluxe

- 2 rue du Roi de Sicile e altri

È un second hand in cui si fanno affari e si trovano dei pezzi classici di marca al giusto costo.

Didier Ludot

- 24 Galerie de Valois

È un vintage di lusso che risale al 1975. Si trovano dai Nina Ricci degli anni Sessanta ai Lacroix degli anni Novanta, ma anche pezzi di Hermès e di Chanel.

Emmaüs alternatives

 74 rue de Turbigo e altri

www.emmaus-alternatives.org/points-vente
È uno degli charity shop più amati dai parigini. Sono numerosi i punti vendita, vi do qualche altro indirizzo: 54 rue de Charonne, 43/45 rue du Faubourg du Temple, 6 rue Monge, 105 boulevard Davout, 22 boulevard Beaumarchais. Ha aperto di recente Ressourcerie L'Alternative ( 13 rue Léopold Bellan,  www.ressourcerie-alternative.fr).

En Voiture Simone

 43 rue Charlot

www.envoituresimoneparis.fr
Nel cuore del Marais l'ennesimo vintage, un negozio piccolo ma con una proposta interessante. E se cercate stivali in stile texano è facile che qui li troviate. Vende anche online.

Épisode

12-16 rue Tiquetonne

www.episode.eu
Aperto tutti i giorni dalle 11.00 alle 20.00 tranne la domenica, è uno degli indirizzi amati dalle parigine, in particolare le più giovani con meno budget a disposizione: preparatevi ad affrontare un po' di fila.

Flash Vintage

64 rue d'Orsel
Da Flash le parigine vanno soprattutto per chiacchierare e farsi consigliare dalla simpatica proprietaria. Passateci più che altro se siete sulla strada.

Free'P'Star

 61 rue de la Verrerie e altri

www.freepstar.com

È una catena di negozi vintage e seconda mano (anche al 20 di rue de Rivoli e al 51 di rue Saint-Denis). Vi troverete a cercare tra ottime offerte e qualcosa di meno bello da scansare, per amanti della ricerca. C'è anche una selezione di proposte a 1 €.

Gabrielle Geppert

 31 Galerie de Montpensier

Per entrare bisogna suonare il campanello, non siate timide.

Gaijin Paris

 20 rue du Pont-aux-Choux

www.gaijinparis.com

Abbigliamento vintage e seconda mano per donna ma anche per uomo di designer giapponesi. Se amate questo stile, è il vostro negozio.

Guerrisol

 45 bd de la Chapelle e altri

www.guerrisol.shop

Una catena di negozi vintage e seconda mano con vendita anche online attraverso il sito. Sbizzarritevi a cercare su Google tutte le sedi di queste friperie, come 13 e 34 avenue de Clichy, 21 boulevard Marguerite de Rochechouart, 96 boulevard Barbès.

Hier Vintage

 8 rue du Pont aux Choux

www.hier-vintage.com

Un ennesimo vintage nel Marais, ma perché non dare uno sguardo?

Hippy Market

 41 rue du Temple e altri

www.hippymarket.fr

Parigi è invasa dagli Hippy Market e ne spuntano come funghi. Segnatevi anche 71 rue Rambuteau e 46 rue Saint-André des Arts (quest'ultimo è forse il più bello di tutti). Qui trovate vintage e seconda mano con una strizzata d'occhio alla moda hippy, quella del periodo Flower Power e di Woodstock. Da non perdere per fare almeno un giro.

HK Vintage

 rue Théodore de Banville

www.hk-vintage26.com

Non solo vintage, ma anche second hand di lusso con una selezione moderna a cui dedicare un po' di tempo. Vende anche online.

Hotel Paris-Tokyo Vintage

 8 rue du Pont aux Choux

Second hand di capi abbastanza recenti e firmati.

Kiliwatch

 64 rue Tiquetonne

www.kiliwatch.paris

Uno spazio di oltre 600 metri quadrati in cui tuffarsi per cercare il pezzo buono di vintage o di second hand. Vivetelo come se fosse un supermarket e in effetti è qualcosa del genere perché Kiliwatch è il grossista che vende agli Hippy Market (che però sono più selezionati come offerta) e ai Kilo Shop. Potreste trovare il vostro perfetto paio di Levi's a 28 €.

Kiliwatch-Collect.Or

- ☑ 46 rue Saint-André des Arts e 18 rue du Château d'Eau
- 🖥 www.kiliwatchcollector.fr

Un negozio di vintage e seconda mano molto curato con arredi in legno e bambù. Molte proposte in stile etno-chic e pop.

Kilo Shop

- ☑ 125 bd Saint-Germain e altri
- 🖥 www.kilo-shop.com

Una catena di negozi vintage un tot al chilo. Altri indirizzi sono in rue de la Verrerie (65, 69/71), 10 boulevard Montmartre (il più interessante e su due piani, insieme a quello di Saint-Germain), 23 rue du Faubourg du Temple. Divertitevi come se foste da un grossista e occhio ai capi difettosi. Vestitevi comode se volete provare qualcosa perché dovrete arrangiarvi: non ci sono i camerini.

La Boutique de Cara

- ☑ 80 rue de Turenne

C'è di tutto un po' e con prezzi abbastanza alti, ma date un'occhiata al profilo Ig per vedere se è il vostro stile: @laboutiquedecara.

La Frange à l'envers

- ☑ 81 rue Saint-Maur
- 🖥 www.lafrangealenvers.fr

Un negozio molto bello e curato di abbigliamento e accessori di seconda mano nato da poco e che sta spopolando tra le parigine. I capi sono recenti, per esempio Ba&Sh, Céline, Sandro, a prezzi convenienti. Trovate facilmente pezzi della collezione precedente perché collaborano con influencer che svuotano i loro armadi. Tappa obbligata.

La Mode Vintage

 12 rue Rochebrune

www.la-mode-vintage.com

Hermès, Dior, Chanel, Gucci: se amate il vintage di lusso, andate da La Mode.

Lapin Boutique

 9 rue Oberkampf

www.lapin-boutique.com

Accessori e abbigliamento vintage in questa boutique nel Marais. Ottimo spot per le appassionate di anni Cinquanta, Sessanta e Sessanta. Vende anche online.

Le Dressing d'Eva

 14 rue Jules Vallès

Una boutique vintage nell'11° arrondissement in cui scoprire piccoli tesori di gioielleria e di pelletteria.

Le Vintage de Julie

 8 rue Gustave Courbet

www.levintagedejulie.com

Una bella boutique che propone in particolare vintage romantico, con pezzo selezionati e non firmati e prezzi abbordabili.

Louise Paris

 10 rue de Lancry

www.louiseparis.fr

Una bella selezione di abbigliamento e accessori, comprese scarpe. Prezzi interessanti.

Love & Dress

 45 rue d'Hauteville

Attenzione agli orari: al mattino apre con comodo alle 12.00 e la domenica è chiuso. Però è uno dei negozi vintage più apprezzati dalle parigine e con le recensioni più interessanti sul web.

Mamie Blue – Vintage Spirit

 69 rue de Rochechouart

www.mamie-vintage.com

La particolarità di questo negozio è che se scegliete un capo vintage che ha bisogno di ritocchi ci pensano loro a farli eseguire, così da creare un pezzo che sia solo vostro e quasi su misura.

Nice Piece Vintage

 15 rue Commines e altri (sempre nel Marais)

Se cercate pezzi Ottanta e Novanta, è la boutique che fa per voi.

Odetta Vintage

 76 rue des Tournelles

www.odettavintage.com

Un'altra bella selezione vintage e seconda mano nel Marais. Molto interessanti anche le scarpe. Potete trovare pezzi di Céline, The Row, YSL.

Ohr Vintage

 Square Pierre Lazareff

A chi interessa il vintage low budget? Ecco, questo è una specie di bazar magazzino in cui andare a cercare il pezzo giusto con molta pazienza. È poi tutto da lavare!

Open Dressing

 63 rue de Turenne

Non ha un sito web, ma potete dare uno sguardo al profilo Instagram per farvi un'idea (@open-dressing).

OpulenceLuxury & Vintage

107 rue Réaumur

www.opulencevintage.com

Più che un vintage, un negozio che propone second hand di lusso. Ha un secondo indirizzo: 3 rue Jean du Bellay.

Palace Callas

16 rue du Pont Louis-Philippe

www.palacecallas.com

Se avete un gruzzoletto da parte, questo potrebbe essere un buon posto per trovare "il" vostro pezzo vintage firmato. C'è anche una zona dedicata alle offerte del giorno.

Plaisir Palace

3 rue Paul Dubois

www.plaisirpalace.fr

Un bel negozio vintage di cui vi piacerà anche l'arredamento come il grande specchio rosa di design Ultrafragola di Sottsass. È per amatori del vintage, per cui preparatevi a prezzi più alti.

Plus que parfait

23 rue des Blancs Manteaux

Non ha il sito web, ma è uno dei negozi vintage più apprezzati dalle parigine. È aperto tutti i giorni, domenica e lunedì solo nel pomeriggio.

Pretty Box

46 rue de Saintonge

www.prettybox.fr

Qui si possono scovare pezzi che sono appartenuti a personaggi dello star system. Prezzi alti, ma c'è da divertirsi anche solo a guardare. Il proprietario si diletterà a raccontarvi tanti fatterelli legati ai pezzi che espone e ha anche un altro vintage al 21 di rue du Pont aux Choux, Studio W ( www.studiowparis.com).

Printemps Haussmann

- 64 bd Haussmann
- www.printemps.com

Al 7° piano c'è una sezione interamente dedicata al vintage per promuovere l'economia circolare. Prezzi più alti dei Kilo, ma selezione molto interessante.

Relique Paris

- 25 rue Notre Dame de Nazareth
- www.relique.paris

Questo è uno dei vintage più interessanti di Parigi, soprattutto per la location che è molto curata e in stile anni Settanta, ma anche per chi ha ideato questa meraviglia, ovvero la youtuber e influencer francese Clara Victorya.

Renaissance Vintage

- 14 rue de Beaune
- www.renaissance75007.com

Piacerà soprattutto alle signore appassionate di luxury vintage. Ricorda le boutique vintage anni Novanta. Vende anche online.

RoseMarket Vintage

- 19 rue Milton
- www.rosemarketvintage.com

Pezzi di design firmati e prezzi alti, ma una bella boutique nel 9° arrondissement.

Super Vintage Paris

- 11 rue des Petites Écuries

Questa è una micro-boutique nel 10° arrondissement. Più che altro per abiti fuori dal comune. Bella selezione di borse e gioielli.

Sous les pavés, le vintage!

- 1 rue Hautefeuille

Sulla *rive gauche* una piccola e interessante boutique di abbigliamento vintage.

Thanx God I'm a V.I.P.

- 16 rue de Lancry
- www.thanxgod.com

Uno dei negozi più curati per la scelta vintage a Parigi. Vi perderete tra gli appendiabiti in cui l'abbigliamento è suddiviso non solo per colore ma per sfumature. Da qui non uscirete a mani vuote.

The King of Frip

- 33 rue du Roi de Sicile

È soprattutto un bazar nel Marais, ma se vi diverte la ricerca può essere un posto in cui passare un'oretta. Si trovano pezzi anche a 5 e 10 €.

Tilt Vintage

- 10 rue Saint-Placide e 8 rue de Rivoli
- www.tilt-vintage.com

La boutique aperta da sei anni nel cuore del 6° arrondissement è piccola, ma una delle più interessanti in città.

Vintage Clothing Paris

- 10 rue de Crussol
- www.vintageclothingparis.com

Un negozio molto bello e in cui trovare anche pezzi da sera, se è quello che state cercando.

Vintage Little Box

☑ 77 bd Beaumarchais

Abbigliamento e accessori di lusso (date uno sguardo a spille e orecchini). Caratteristico l'ingresso rosso che vedrete già da lontano.

I grandi magazzini stanno cavalcando l'onda del vintage: **Galeries Lafayette Paris Haussmann** ha lo spazio **(RE)STORE** dedicato al vintage al terzo piano, così come Printemps ha alcuni corner di abbigliamento vintage al settimo piano. **Le Bon Marché** ospita un ampio stand del sito web **Imparfaite Paris** (💻 www.imparfaiteparis.com). **Culture Vintage by Eureka** si trova al primo piano di **Le BHV/Marais**. Infine, **Merci** ha uno stand del brand Entremains che seleziona vintage.

Mercati e mercatini

Le Marché Dauphine

☑ 132-140 rue des Rosiers

💻 www.marche-dauphine.com

Oltre 150 espositori di antichità all'interno delle Puces de Saint-Ouen. Aperto dal venerdì al lunedì con orari variabili: ven 10.00-13.00, sab-dom 10.00-18.00, lun 11.00-17.00.

Le Marché des Enfants Rouges

☑ 39 rue de Bretagne

Risale al 1615 il più antico mercato coperto di Parigi. È chiamato così per ricordare l'orfanotrofio che sorgeva poco lontano e che vestiva di rosso i suoi piccoli ospiti. Aperto tutti i giorni tranne il lunedì (la domenica chiude alle 16.00 anziché alle 20.00).

172

Les Puces de Paris Saint-Ouen

110 rue des Rosiers, Saint-Ouen

www.pucesdeparissaintouen.com

Dal 1870 il più grande mercato di brocante al mondo, con oltre 5 milioni di visitatori all'anno. Aperto il venerdì mattina fino alle 14.00, il sabato e la domenica fino alle 18.00 e il lunedì fino alle 17.00. Tra gli stand cercate Chez Sarah – Vêtements anciens et vintage (18 rue Jules Vallès, www.chezsarah.net) per la ricerca stilistica.

Marché aux Puces de la Porte de Montreuil

18 av du Professeur André Lemierre

Aperto dal sabato al lunedì, è un vasto mercato delle pulci di cui una parte è dedicata al vintage. Poi c'è una zona con merce dalla provenienza incerta, per cui a quel punto potete anche girare i tacchi e andare via. Comunque, sempre occhio alla borsa, in questi mercati.

Marché d'Aligre

rue d'Aligre e place d'Aligre

Il mercato è suddiviso in due sezioni, l'area coperta molto apprezzata dagli appassionati di architettura che è dedicata agli alimentari, in particolare ortofrutta, formaggi, spezie, proposte vegetariane. La parte scoperta del mercato si trova nella piazza

LE TEMPLE DU VINTAGE

Seguite su Instagram @systeme.solere, un collettivo di marchi vintage. Abbigliamento, accessori, gioielli che si riuniscono in temporary store una volta al mese. Scoprirete le date direttamente sui social.

e su parte della strada omonima e include una sezione di alimentari e banchi dedicati all'antichità.
Si svolge da martedì a domenica, ma il giorno migliore è la domenica, di mattina.

Marché Vernaison

 99 rue des Rosiers, Saint-Ouen
www.marchevernaison.com
Aperto dal sabato al lunedì, fa sempre parte del
grande complesso delle pulci di Saint-Ouen. Un'e-
sposizione di novemila metri quadrati e oltre 300
negozi in cui curiosare.

Puces de Vanves

 av Marc Sangnier
www.pucesdevanves.com
Ogni sabato e domenica (dalle 7.00 alle 14.00) di
tutto l'anno, festività comprese, anche se piove. Si
tratta di oltre 380 espositori: mobili e oggettistica
del XVIII e XIX secolo, art déco, anni Cinquanta e
Settanta, mobili da giardino, lampadari, utensili,
argenteria, oggetti in vetro, tessili e abbigliamento, bijoux, vecchie fotografie, libri, monete da collezione, cartoline postali, giocattoli, reliquie reli-
giose, cimeli militari, arte orientale e africana.

Ultimi consigli sui **mercatini**: verificate online le
date del **Brocante de la Rue de Bretagne** che è molto bello e si svolge due volte all'anno. Per i mercatini di quartiere, potete cliccare: www.brocabrac.fr e
www.vide-greniers.org.

Parigi al cinema

Parigi si può visitare seguendo le location dei film e, di questi, la Ville Lumière non è solo sfondo, ma anche protagonista indiscussa. Sono i suoi viali, il lungosenna, le architetture gotiche e barocche, le strade lastricate che luccicano dopo una serata di pioggia a rendere magiche alcune pellicole. Si potrebbe fare un elenco infinito di film, al femminile e non, che ci hanno fatto innamorare al di là dello schermo di questa città, ancor prima di mettervi piede, e a volte ci hanno spronato a tornare, per scoprire quegli angoli che ci erano sfuggiti.

Parigi, che si riconosce dopo poche immagini. Parigi, che resta sempre se stessa, che non ha bisogno di evolversi e modificare scorci e skyline, perché è per come è fatta e per la sua atmosfera che viene scelta dai grandi registi e da noi, per i nostri viaggi. Parigi, che ha nel contempo decine di sfaccettature, a seconda di come la si guarda: sensuale, accogliente, misteriosa, eccentrica, magica.

E non va scordato che la capitale francese è la culla del cinema, perché era il 1895 quando i fratelli Lumière proiettarono le prime immagini in bianco e nero di fronte a spettatori increduli. E a Parigi è nato e vissuto anche l'altro padre del cinema, Georges Méliès, il cui film più noto è il meraviglioso *Viaggio nella Luna*, *Le Voyage dans la Lune* del 1902. E un tributo al cinema e a Méliès si trova nel film del 2011 *Hugo Cabret* di Martin Scorsese.

Se si vogliono rivivere questi momenti storici, si può raggiungere boulevard des Capucines dove, al civico 14, si trovano l'Hôtel Scribe e il Gran Cafè, nel cui seminterrato avvenivano le proiezioni pubbliche a pagamento dei film dei fratelli Lumière.

Questo è solo un breve elenco di film da non perdere, da rivedere e recuperare, ma soprattutto di luoghi da visitare, un po' alla volta.

Before Sunset – Prima del tramonto
2004, Richard Linklater

Sono tante le strade che fanno da co-protagoniste agli attori di *Before Sunset*: rue Saint Julien le Pauvre, rue Galande, rue des Jardins Saint-Paul, rue de l'Ave Maria, Saint-Paul Village, rue Charlemagne, rue Eginhard, rue Saint-Paul. Sceglietene una alla volta sulle app del vostro smartphone e lasciatevi trasportare. Nel film comprare l'iconica libreria Shakespeare & Co al 37 di rue de la Bûcherie. Un'altra location famosa è Le Pure Café (14 rue Jean-Macé). Un luogo che amo e che mi ricorda la High line di New York è la promenade plantée (1 Coulée Verte René-Dumont). Céline (Julie Delpy) e Jesse (Ethan Hawke) utilizzano la scala al 90 di avenue Daumesnil per raggiungere la passeggiata sopraelevata.

Fino all'ultimo respiro
1960, Jean-Luc Godard

Le riprese si sono svolte tra il 17 agosto e il 15 settembre 1959. In una delle scene più famose del film, Patricia (Jean Seberg) e Michel (Jean-Paul Belmondo) sono al ristorante Le Select (99 bd du Montparnasse, www.leselectmontparnasse.fr). Per la scena girata mentre i due attori passeggiano sugli Champs-Elysées, il regista ha utilizzato una macchina da presa posizionata sulla bicicletta. Tra le location della pellicola, il negozio di Christian Dior,

✅ 30 av Montaigne, il Cinéma Mac-Mahon, ✅ 5 av Mac-Mahon, il locale La Rotonde (✅ 105 bd du Montparnasse, 🖳 www.menuonline.fr/la-rotonde-montparnasse); l'Hôtel Les Rives de Notre-Dame (✅ 15 quai Saint-Michel, 🖳 www.rivesdenotredame.com); la stazione del métro George V.

🎞 I 400 colpi
1959, François Truffaut

È una pellicola girata quasi interamente nella capitale francese. Antoine Doinel (Jean-Pierre Léaud) abitava nel 9° arrondissement con i suoi genitori, al civico 4 di rue Henri Monnier, quasi su place Gustave Toudouze. Passeggiando per Pigalle e avenue Frochot (dove ha sede l'esterno della casa dell'amico René) ritroverete alcune delle atmosfere del film di Truffaut, così come al Sacre Coeur e alla Tour Eiffel. Antoine e i suoi compagni di classe scappano dalla fila davanti all'École Technique de photographie et de cinéma (✅ 85 rue de Vaugirard). Altre location sono rappresentate dal cinema Astor in boulevard Montmartre e dal Cineac Italiens al 5 di boulevard des Italiens. La scena del bacio tra la madre e l'amante e quella in cui la famiglia si reca al cinema e si intravede la facciata del Gaumont-Palace si svolgono in place de Clichy. La fontana dell'Église de la Sainte-Trinité in cui Antoine si lava il viso è in place d'Estienne d'Orve.

🎞 Il diavolo veste Prada
2006, David Frankel

Se andate a New York, trovate tutte le location del film sulla mia guida *New York al femminile*, ma questa pellicola è stata girata anche nella capitale francese. Il primo bacio tra Andy (Anne Hathaway) e Christian (Simon Baker) è di fronte all'Hôtel Les Degrés de Notre-Dame (✅ 10 rue des

Grands Degrés). I due passeggiano in rue Frédéric Sauton, da quai de Montebello a rue de la Bûcherie. La sfilata di moda è al Musée Galliera (✅ 10 av Pierre 1er de Serbie, nel 16° arrondissement). La fontana in cui Andy getta il suo cellulare è in place de la Concorde. Una curiosità: la cena di Andy e Christian è stata girata a L'Absinthe (✅ 227 E 67th St, 3rd Ave), che è sì un ristorante francese, ma a Manhattan, e, purtroppo, ora ha chiuso.

Il favoloso mondo di Amélie
2001, Jean-Pierre Jeunet

A Montmartre individuate al primo sguardo le persone che vanno a caccia di qualche segno lasciato da Amélie (Audrey Tautou). E Parigi ci parla molto di questa ragazza con il caschetto nero sbarazzino e la frangetta. Vediamo insieme le location parigine della pellicola di Jeunet. Partite dal métro Abbesses, sulla linea 12, cuore di Pigalle e ai piedi di Montmartre. A pochi passi, tra i negozi di pesce fresco e di fiori, ma anche immersi nel profumo del pollo allo spiedo, si trova il bar in cui lavora Amélie, Café des Deux Moulins, al 15 di rue Lepic (💻 www.cafedesdeuxmoulins.fr/it). Al 56 di rue des Trois Frères (angolo con rue Androuet) si trova Au Marché de La Butte, il negozio di frutta e verdura del signor Collignon. Nella stessa strada si trova la casa in cui vive Amélie.

In place Saint-Pierre si trova la giostra di cavalli vintage, proprio ai piedi della Basilique du Sacré-Coeur. Nel film si vede Amélie che percorre il pont des Arts, non lontano dal Louvre. La scena iniziale in cui la piccola Amélie fa rimbalzare un sasso sul canale è sul ponte del Canal Saint-Martin, zona est di Parigi. Facendo un salto indietro, alla nascita della protagonista, la prima scena, quando la bottiglia blu scivola, si svolge in rue Saint-Vincent.

Il negozio per adulti in cui lavora Nino è Palace Video, 37 boulevard de Clichy, e adesso il suo nome è Toys Palace. Nino lavora anche in un Luna Park: si tratta di Foire du Trône, presso Pelouse de Reuilly, aperto ad aprile e maggio. Nel film si susseguono scene in diverse stazioni del métro e ferroviarie, tra cui Gare du Nord e Gare de l'Est. Oltre ad Abbesses, ci sono la funicolare per salire sulla collina del Sacré-Coeur, le stazioni della metropolitana Porte des Lilas, Belleville, rue de la Chapelle e La Motte-Picquet-Grenelle. La strada in cui Amélie e Nino corrono sullo scooter è rue Ernest Roche.

Jules e Jim
1962, François Truffaut

Le riprese di questo film sono state realizzate in Francia tra l'aprile e il giugno del 1961, e alcune di queste si sono svolte proprio a Parigi. Indimenticabile la corsa di Jules (Oskar Werner) e Jim (Henri Serre), entrambi innamorati di Catherine (Jeanne Moureau), che corre con loro, sul pont au Double, che attraversa la Senna e collega il 4° e il 5° arrondissement. Purtroppo, quella parte della Parigi di Truffaut non si trova più come nel film poiché l'originale Passerelle de Valmy è cambiata in modo radicale e così anche i gradini che il trio percorreva tra avenue Winston Churchill e rue Marius Delcher verso i binari.

La vie en rose (La Môme)
2007, Oliver Dahan

La vita di Édith Piaf (Marion Cotillard) si dipana in una Parigi tutta da scoprire o da riscoprire. Nel 1961, quando la sua poliartrite stava diventando sempre più invalidante, Édith ebbe un successo trionfale a L'Olympia, salvando il teatro dal fallimento. È di questo periodo la famosa canzone *Non, Je regrette rien*. L'Olympia si trova al 28 di boulevard des Capucines, 9° (💻 www.olym-piahall.com). Una targa commemora l'abitazione in cui la Piaf ha vissuto gli ultimi dieci anni della sua vita: 67 boulevard Lannes. La cantante aveva un suo tavolo fisso – il numero 24 – alla Brasserie Julien (✅ 16 rue du Faubourg Saint-Denis, 10°, 💻 www.bouillon-julien.com). La strada in cui nel film Édith canta e viene scoperta da Louis Leplée nel 1935 è rue du Ranelagh. Le scale lungo le quali scendono lei e Momone sono quelle di Montmartre, ma sono filmate in modo tale che possano ricordare quelle della vecchia Belleville, che oggi non esistono più. Altra strada in cui si esibisce Édith Piaf è rue Androuet, a pochi passi da rue Lepic.

Una passeggiata molto riconoscibile è quella in rue Ravignan, che ricorda ancora la Parigi dell'inizio del XX secolo. Dahan ha preferito girare numerose esterne a Praga, che è ancora molto simile, per certi versi, alla capitale francese del secolo scorso.

Édith Piaf è sepolta nel famoso cimitero Père-Lachaise dal 10 ottobre 1963.

Marie Antoinette

2006, Sofia Coppola

Marie Antoinette è il film per sognare, per farci venir voglia di raggiungere Parigi e la Reggia di Versailles, anche se in parte la location è stata meravigliosamente ricostruita dal team della regista in una zona dello Château de Millemont, a circa 45 km da Parigi. Per esempio, la scena dell'addio tra Marie Antoinette e i suoi cari allo scoppio della Rivoluzione si svolge ai piedi dello scalone principale del castello.

Il matrimonio reale avviene nella Chapelle Royale di Versailles. Nella Galerie des Glaces si svolge uno dei balli organizzati dalla regina. Le scene del Grand Couvert, i pranzi pubblici, sono state girate nel Salone d'Ercole. Durante l'assalto alla reggia

da parte dei francesi, la regina si affaccia dal balcone sulla Cour de Marbre. Uno dei luoghi più magici del film è il Petit Trianon con il suo teatro.
È stato utilizzato per alcune riprese anche l'Hôtel de Soubise nel suo piano nobile. Per il resto bisogna lasciarsi anche un po' trasportare dalla fantasia e, appunto, dal sogno. Perché per esempio il ballo in maschera è stato ambientato all'Opéra Garnier, che però è un edificio della seconda metà dell'Ottocento. E, ancora, alcune parti del film sono state girate al castello di Vaux-le-Vicomte con i suoi splendidi giardini.

Midnight in Paris
2011, Woody Allen

Parigi in questo film è magica! Chi conosce poco o niente la città o desidera scoprirla sotto nuovi sguardi e punti di vista può rivedere per l'ennesima volta questa pellicola e lasciarsi guidare. Sì, ma quali sono gli indirizzi imperdibili per seguire le orme di Gil (Owen Wilson)? Dai gradini della chiesa di Saint-Étienne-du-Mont in rue de la Montagne Sainte-Geneviève, alle spalle del Panthéon, dove inizia l'avventura onirica di Gil, al Musée Rodin (77/79 rue de Varenne, 7°), ma anche la libreria Shakespeare & Co. in rue de la Bûcherie al civico 37 (5°) e il Musée de l'Orangerie (Jardin des Tuileries, 1°). Gil e Inez soggiornano all'Hôtel Le Bristol (112 rue du Faubourg Saint-Honoré, www.lartisien.com/hotel/le-bristol-paris). La favolosa terrazza La Belle Etoile invece è dell'Hôtel Le Meurice (228 rue de Rivoli, www.dorchestercollection.com/en/paris/le-meurice). Il club de Bricktop nel film si trova al 17 di rue Malebranche, zona Panthéon. Il locale che Zelda chiama Bricktop in realtà era Chez Bricktop, un locale notturno aperto da Ada Smith, che però si trovava al 66 di rue Pigalle e che oggi non esiste più perché la cantante lo chiuse nel 1961. Il Crémerie

Restaurant Polidor è un locale storico nel 6° arrondissement (✅ 41 rue Monsieur le Prince, 🖥 www.polidor.com) e propone cucina tradizionale francese dal 1845. Il cosiddetto *cabinet de curiosités* Maison Deyrolle è un negozio storico della capitale francese specializzato in tassidermia e aperto tutti i giorni tranne la domenica (✅ 46 rue du Bac, 🖥 www.deyrolle.com). All'esterno della casa di Gertrude Stein al 27 di rue de Fleurus, c'è una targa commemorativa, ma non è possibile visitare l'abitazione. Maxim's (🖥 www.maxims-de-paris.com/fr) è il ristorante al 3 di rue Royale in cui Gil si perde con Adriana, amante di Picasso, e subito dopo ecco la scena al Moulin Rouge, a Pigalle. Alla fine del film Gil passeggia lungo pont Alexandre III, che collega il Grand Palais e il Petit Palais all'Hôtel des Invalides. Sono numerose le scene girate anche alla Reggia di Versailles.

Moulin Rouge!

2001, Baz Luhrmann

Il musical che ha come protagonisti Nicole Kidman (Satine) e Ewan McGregor (Christian) è ambientato nel quartiere di Pigalle, dove si trova lo storico teatro di cabaret che dà il nome al film. Le riprese si sono svolte presso i Fox Studios in Australia, ma le atmosfere si possono ritrovare proprio passeggiando per Pigalle, nel 18° arrondissement.

Paris, je t'aime

2006, Gérard Depardieu, Gus Van Sant, Ethan e Joel Coen, Christopher Doyle, Alfonso Cuarón, Wes Craven e altri

Un film composto di diciotto episodi (avrebbero dovuto essere venti, uno per ogni arrondissement) di cinque minuti ciascuno. **Tuileries** (I arrondissement): la stazione usata per le riprese è però quella di Porte des Lilas, che già abbiamo ritrovato nelle scene di Amélie. **Place des Victoires** (II arrondissement) è una delle cinque piazza parigine reali. Il luogo in cui Juliette Binoche incontra il cowboy (Willem Defoe) è place des Petits-Pères, di fronte alla chiesa di Notre-Dame des Victories. Quartier des Enfants Rouges (III arrondissement) riprende il suo nome dall'Ospedale des Enfants Rouges, fondato dalla principessa Margherita di Navarra, sorella del re Francesco I. Square du Temple è uno dei più grandi giardini parigini. **Le Marais** (IV arrondissement): in questo episodio si riconoscono place des Vosges, una delle più antiche della città, e rue des Rosiers. **Quais de Seine** (V arrondissement): in questo quartiere si trova la Grande Mosquée de Paris, all'incrocio tra rue Geoffroy-St-Hilaire e rue Daubenton. **Quartier Latin** (VI arrondissement): questo corto si svolge in rue de Médicis, in cui Gena Rowlands scende dal taxi, e nel Café le Rostand (✅ 6 place Edmond Rostand). **Tour Eiffel** (VII arrondissement): questo sketch si svolge nel quartiere della Tour Eiffel e nei giardini di Champ de Mars. **La Madeleine** (VIII arrondissement): il corto si svolge in un unico punto della città, all'angolo tra rue du Rocher e rue Portalis. Le strade sono due due livelli diversi e ci sono delle scale a collegarle. **Pigalle** (IX arrondissement) è il quartiere dei locali notturni e un po' lascivi per eccellenza. Fate un giro al cabaret Moulin Rouge. **Faubourg Saint-Denis** (X arrondissement): rue du Faubourg Saint-Denis conduce alla Basilique de Saint-Denis, capolavoro dell'arte gotica. Bastille (XII arrondissement): la scena iniziale di questo corto si svolge nella brasserie Le Square Trousseau (✅ 1 rue Antoine Vollon, 🖥 www.squaretrousseau.com). **Porte de Choisy** (XIII arrondissement) è oggi conosciuto come un quartiere ad elevata immigrazione dall'Asia e molti si riferiscono a questa zona come alla Chinatown parigina. XIV arrondissement: nel film si vede il parco **Montsouris** che è spesso paragonato al parco Buttes-Chaumont. **Parc Monceau** (XVII arrondissement): il corto è girato in un unico piano sequenza. In questo quartiere si trova la Cité des Fleurs, un villaggio nella città. **Montmartre** (XVIII arrondissement): la scena è girata sulla collina più alta di Parigi (130,03 metri) e dove si trova la Basilique du Sacré-Coeur. **Place des Fêtes** (XIX arrondissement): in quest'area della città si trovano le zone verdi più vaste di Parigi. La maggior parte delle riprese sono realizzate dove si trova la piramide al centro della piazza. **Père-Lachaise** (XX arrondissement): sono numerosi i film girati nel grande cimitero di Parigi in cui riposano molte celebrità. Alcune scene sono state riprese nei pressi della tomba di Oscar Wilde e la scena finale è davanti all'ingresso principale del cimitero.

Sciarada

1963, Stanley Donen

Molti dei luoghi nei quali si muove Regina (Audrey Hepburn) sono riconoscibili in questa Parigi classica. Quando passeggia con il misterioso personaggio interpretato da Cary Grant è lungo il quais de Montebello (*rive gauche*) all'altezza di Notre-Dame. Il ponte alle loro spalle è il pont au Double, che collega l'Île de la Cité alla *rive gauche*. Il ponte in secondo piano è il petit Pont. La Hepburn e Grant sono su un battello lungo la Senna, il cosiddetto *bateau mouche*, e si riconoscono il pont Notre-Dame, la guglia della Sainte Chapelle, la cupola del Tribunal de Commerce e una delle torri della Conciergerie. Tra La Comédie-Française e il Ministero della Cultura, Cary Grant rincorre la Hepburn nei pressi del Jardin du Palais Royal. La scena finale del film è lungo i corridoi della stazione del métro: da quella di Saint-Jacques a quella di Palais Royale.

⊞ Ultimo tango a Parigi
1972, Bernardo Bertolucci

La maggior parte del film che diede (e ancora dà) scandalo è stata girata all'interno di un appartamento di Parigi che noi collochiamo in rue Jules Verne. In realtà il palazzo (l'appartamento si trova al settimo piano ed è di 120 mq) si trova in rue de l'Albony, Passy. La brasserie che si vede è Kennedy Eiffel, 16 avenue du President Kennedy, Passy (aperto tutti i giorni tranne domenica). Una delle scene più famose del film è quella girata al pont de Bir-Hakeim. Il salone in cui i protagonisti irrompono per la competizione di tango è la vecchia Salle Wagram (☑ Eurosites Group, 39-41 av de Wagram, 💻 www.chateauform.com/fr/maison/la-salle-wagram). Recentemente il salone è stato riammodernato e portato all'antico splendore.

E come lasciare fuori da questo elenco le location parigine di **Sex and the City** e di **Gossip Girl**?

Il finale della serie di *Sex and the City* è ambientato a Parigi (sesta stagione, episodi 19 e 20): *An American Girl in Paris: Part Une e Part Deux*. Tra i luoghi in cui si muove Carrie con i suoi splendidi abiti ci sono l'Hôtel Plaza Athénée (☑ 25 av Montaigne, 💻 www.dorchestercollection.com/fr/paris/hotel-plaza-athenee) e il negozio di Dior, al civico 30 della stessa strada. Sempre in avenue Montaigne (al civico 41) c'è il ristorante L'Avenue (💻 www.avenue-restaurant.com). Carrie si trova a pranzo con l'ex moglie di Petrovsky al ristorante KONG (☑ 1 rue du Pont Neuf, 💻 www.kong.fr). Nelle sue passeggiate l'americana percorre rue Servandoni, in Saint Germain des Prés, poi promenade de l'Allée du Séminaire e rue Bonaparte. Carrie va anche in square du Vert Galant, piccolo giardino che si trova sulla punta de l'Île de la Cité. La telefonata a Miranda è da una cabina in place Saint Sulpice. La libreria in cui Carrie trova il suo libro in vetrina è in rue Henry de Jouvenel. La scena di Carrie con Alexandr prima della rottura è girata in una delle piazze più romantiche di Parigi e una delle mie preferite, place Dauphine, sull'Île de la Cité.

La mostra di Alexandr è nella Galerie Nationale Jeau de Paume, in place de la Concorde. Il bacio di Carrie e Mr Big è sul pont des Arts, conosciuto anche come ponte degli innamorati.

Caratteristiche di *Gossip Girl* sono le riprese a volo d'uccello di Manhattan e di Brooklyn, ma a Parigi non sono da meno, con le vedute aeree della Ville Lumière nei primi due episodi della quarta stagione (*Belles de Jour* e *Double Identity*). Blair passeggia sull'iconico pont Alexandre III, poi con Serena è sul pont des Arts. I luoghi delle riprese sono il Cafè Louis Philippe (✓ 66 quai de l'Hôtel de Ville, nel quartiere Saint Gervais); Chez Julien (✓ 1 rue du Pont Louis-Philippe, 🖥 www.chezjulien.paris); Café de Flore (✓ 172 bd Saint-Germain, 🖥 www.cafedeflore.fr). Il ristorante preferito da Blair è La Rôtisserie d'Argent (✓ 19 quai de la Tournelle, 🖥 www.tourdargent.com/la-rotisserie-dargent), quello più amato da Serena invece è Drouant (✓ 16-18 rue Gaillon, 🖥 www.drouant.com).

Chuck lavora a Le Baron Rouge (✓ 1 rue Théophile Roussel, 🖥 www.lebaronrouge.net): qui potete trovare ostriche freschissime da settembre a febbraio. Blair vede Chuck in rue de Charenton/rue Traversière. L'anello di fidanzamento che Chuck aveva comprato per Blair viene restituito nella gioielleria Henry Winston al numero 29 di avenue Montaigne.

Il futuro fidanzato di Blair, il principe Louis Grimaldi, incontra la protagonista mora della serie al Musée d'Orsay. Al civico 11 di place des États-Unis, Blair e Serena cenano al Musée Baccarat con Louis e Jean-Michel. La Fontaine Louvois in rue de Louvois al civico 4 (vicino all'ingresso della Bibliothèque Nationale de France) è quella in cui Blair spinge Serena dopo un litigio. In alcune scene riconoscerete anche la Gare du Nord.

Credo che qualche parola vada spesa anche per quella favolosa serie tv che è **The Marvelous Mrs. Maisel**. Se è vero che la maggior parte delle location sono newyorkesi e potete ritrovarle in *New York al femminile*, nella seconda stagione c'è una parentesi parigina. Una delle piazze più belle di Parigi, place Dauphine, ospita Restaurant Paul (☑ 15 place Dauphine, 💻 www.restaurantpaul.fr), il ristorante in cui va a cena la famiglia di Midge appena i personaggi si ritrovano in Francia. Il locale in cui finalmente Abe, il padre di Midge, si sente se stesso con i nuovi amici parigini si trova nel quartiere di Saint-Germain-des-Prés ed è Chez Georges (☑ 11 rue des Canettes). Il Musée Rodin, molto amato dai registi e dagli scenografi, appare anche qui, per fare da location prima a Rose con il suo gruppo di studio, poi anche ad Abe. Rose si sofferma in particolare di fronte all'opera *I borghesi* di Calais. Il Musée Rodin si trova al 77 di rue de Varenne (💻 www.musee-rodin.fr). Tra le location, non mancano le bancarelle dei *bouquinistes* lungo la Senna e le panetterie in cui acquistare la baguette, in particolare nella serie tv si vede la boulangerie Le Moulin de la Vierge in rue Saint-Dominique al civico 64 (7°).

Due serie tv Netflix tra le più recenti sono **Emily in Paris** e **Lupin**. Quest'ultima poco al femminile, ma c'è un luogo poco noto che amerete come me. Si tratta del Temple de la Sybille, ispirato al Tempio di Vesta a Tivoli, in provincia di Roma. Il Temple de la Sybille si trova sul punto più elevato dell'Île du Belvédère, un'isola al centro del lago di Parc des Buttes-Chaumont, nel 19° arrondissement di Parigi.

Diamo ora uno sguardo alle location più interessanti di *Emily in Paris*, come place de L'Estrapade in cui Emily Cooper (Lily Collins), nel primo episodio della serie, si trasferisce da Chicago a Parigi. Il suo nuovo appartamento (al sesto piano senza ascensore) è una caratteristica *chambre de bonne*, ovvero una piccola stanza in passato destinata alla servitù, poi riadattata ad appartamento. Sono molti gli studenti o i giovani lavoratori che si appoggiano a questo tipo di locale perché è il meno costoso. Place de L'Estrapade si trova nel Quartier Latin.

La Boulangerie Moderne (16 rue des Fossés Saint-Jacques) è quella in cui Emily acquista un *pain au chocolat*. Forse non sapete che per godere dell'appellativo "boulangerie" in modo ufficiale, le panetterie francesi devono preparare e cuocere i loro pani e dolci direttamente all'interno del locale e ogni giorno, per garantirne la freschezza.

La sede dell'ufficio di Emily è in place De Valois. Accanto al palazzo, come avrete notato se avete visto la serie (io l'ho fatto per godermi un po' di Parigi), si trova la Galerie Fourtin, uno showroom con mobili e accessori per la casa. Sempre in zona si trova il Jardin du Palais-Royal, in cui Emily pranza da sola il primo giorno di lavoro.

Il famoso ristorante in cui la protagonista cerca di prenotare un tavolo è Le Grand Véfour e si trova nel Palais Royal. Le Grand Véfour, inaugurato nel 1784 come Café de Chartres, fu poi rilevato da Jean Véfour. Oggi il ristorante, tra i più antichi di Parigi, è di proprietà dello chef Guy Martin e ha due stelle Michelin.

Non potete – arrivati sin qui – non conoscere La Maison Rose, dove Emily cena con la sua amica Mindy. Siamo nel cuore di Montmartre (2 rue de l'Abreuvoir).

È pont Alexandre III – uno dei 37 ponti che attraversano la Senna in città – quello in cui Emily assiste alla realizzazione di uno spot per il lancio di un nuovo profumo. Si riconosce facilmente perché è il ponte più decorato di Parigi in stile Beaux Arts, con lampade di cristallo, ninfe d'oro e putti. Il punto più famoso è quello delle quattro colonne con sculture in bronzo dorato sulla cima che rappresentano le scienze, le arti, l'industria e il commercio.

Una delle immagini che restano più impresse è quella di Emily con indosso un abito nero senza spalline che ammira la scintillante Tour Eiffel. Questa scena si svolge nel Café de l'Homme, all'interno del Musée de l'Homme (☑ 17 place du Trocadéero et du 11 Novembre, 🖥 www.museedelhomme.fr). Il museo fa parte di un complesso artistico e culturale, il Palais de Chaillot. Costruito nel 1937, è il luogo da cui si gode della migliore vista sulla Tour Eiffel.

L'Atelier des Lumières (☑ 38 rue Saint-Maur, 🖥 www.atelier-lumieres.com) è una ex fabbrica abbandonata che è stata trasformata in uno spazio artistico in cui Emily, Gabriel e Camille provano i video immersivi delle opere di Renoir, Chagall e Monet.

Tra le altre location, Palais Garnier, Café de Flor a Saint-Germain-des-Prés, il Canal Saint-Martin, il Musée des Arts Forains, il Panthéon e il palazzo del conio di Francia, Monnaie de Paris (☑ 11 Quai de Conti).

I SOGNATORI

Una scena indimenticabile del cinema contemporaneo è all'interno del lungometraggio *The Dreamers – I sognatori* (2003) diretto da Bernardo Bertolucci, con Eva Green, Michael Pitt e Louis Garrel nei panni, rispettivamente, di Isabelle, Matthew e Théo. La scena a cui mi riferisco è in rue Malebranche, dove si trova l'appartamento in cui vive Matthew, quando i protagonisti corrono sotto la pioggia. Se invece cercate l'appartamento in cui vivono i gemelli Isabelle e Théo, lo trovate dove ha sede la Brasserie Valois 1868, al numero 1 di place de Rio de Janeiro.

Parigi in 10 cinema

A Parigi ci sono circa 90 sale cinematografiche e 400 schermi. Qui trovate una piccola selezione dei migliori, quelli in cui vedere un film è una vera e propria esperienza di cui godere. Se **La Cinémathèque française** ( 51 rue de Bercy, www.cinematheque.fr) e il **Forum des images** (2 rue du Cinéma, www.forumdesimages.fr) sono templi della settima arte, ci sono anche numerose altre piccole e graziose sale e location insolite.

Max Linder Panorama

24 bd Poissonnière

www.maxlinder.com

È una delle sale più belle della Ville Lumière, ottime condizioni di proiezione per immagine e suoni. Inaugurata nel 1912, l'architetto è Georges Peynet. L'area più amata della sala da 600 posti e su tre livelli del Max Linder Panorama è la mezzanine. Una volta ogni mese sono organizzate le notti cinematografiche.

Studio Galande

42 rue Galande

www.studiogalande.fr

È un vero e proprio mito di Parigi, la cui storia inizia nel 1973, sulla *rive gauche*, con 83 posti a sedere in una cantina. Dal 1978 proietta la pellicola *The Rocky Horror Picture Show*.

Le Louxor

170 bd de Magenta

www.cinemalouxor.fr

È quella struttura Art Deco con dettagli in stile neo-antico egizio che potete scorgere se state transitando con la 2 da Barbès-Rochechouart a

Nation. Fondato nel 1921, è stato chiuso nel 1988 e poi riaperto, nel 2013, completamente rinnovato, con tre sale.

Publicis Cinémas

- 129 av des Champs-Élysées
- www.publiciscinemas.com

Propone una selezione di film francesi e internazionali ed eventi in live streaming. Le proposte ruotano molto rapidamente. Ha due sale.

Cinéma du Panthéon

- 13 rue Victor Cousin
- www.whynotproductions.fr/pantheon

Aperto nel 1907, proietta film nella sua unica sala ininterrottamente da allora. Di solito i titoli restano in programma molto a lungo.

Le Champo – Espace Jacques-Tati

- 5 rue des Écoles
- www.cinema-lechampo.com

È un cinema d'autore nel Quartier Latin. È noto per essere stato il ritrovo di personaggi importanti nella storia del cinema francese. Due volte al mese sono programmate proiezioni notturne, alcune con colazione inclusa per la mattina successiva.

Grand Rex

- 1 bd Poissonnière
- www.legrandrex.com

È una sala cinematografica e per concerti. Inaugurato nel 1932, ha visto il battesimo dello schermo da 300 metri quadri con *Le grand bleu* di Luc Besson nel 1988. È noto soprattutto per la sala che ospita questo schermo, forse la più grande d'Europa.

MK2 Bibliothèque

- 162 av de France
- www.mk2.com/salles/mk2-bibliotheque
  I braccioli tra le sedute scompaiono per permettere alle coppie di abbracciarsi durante la visione di un film. Il designer ad aver avuto questa idea è Martin Szekely.

La Péniche Cinéma

- Canal de l'Ourcq – Parc de la Villette (face au Cabaret Sauvage) 59 bd MacDonald
- www.penichecinema.net
  È un barcone ormeggiato sul Canal de l'Ourcq, all'interno del Parc de la Villette. Ospita proiezioni di corti, festival, incontri con cineasti e produttori.

Cinéma en plain air La Villette

- Parc de la Villette, métro Porte de Pantin
- www.lavillette.com
  L'Hôtel de Ville durante la stagione estiva organizza proiezioni gratuite all'aperto su un gigantesco schermo gonfiabile. Sono a disposizione per il pubblico sedie a sdraio e coperte.

I teatri di Parigi

È lunga la tradizione teatrale nella Ville Lumière, che conta circa 130 teatri con programmazione eterogenea: dalle grandi opere classiche francesi e straniere alle commedie e alle opere di avanguardia, dagli spettacoli di cabaret ai recital, dai caffè-teatro agli spettacoli per i più piccoli, anche all'aperto nei parchi e nei giardini. E il teatro in città è uno dei luoghi del fervore culturale. Se conoscete bene il francese, potete scetacoli di cabaret ai recital, dai caffè-teatro agli spettacoli per i più piccoli, anche all'aperto nei parchi e nei giardini. E il teatro in città è uno dei luoghi del fervore culturale. Se conoscete bene il francese, potete scegliere di passare qualche ora nei caffè-teatro per godere della satira pungente dei giovani ma anche dei grandi attori. L'attività teatrale è finanziata dal Ministero della Cultura, infatti esistono numerosi teatri nazionali e sono tante anche le compagnie stabili che viaggiano tra Francia e resto del mondo.

KIOSQUE JEUNES

Se avete meno di 30 anni e abitate, studiate o lavorate a Parigi, date uno sguardo a Kiosque Jeunes, che offre la possibilità di assistere a numerosi spettacoli con riduzioni interessanti o inviti gratuiti: Kiosque Jeunes (✅ Canopée des Halles, 10 passage de la Canopée, 🖥 www.kiosquejeunes.paris.fr/kiosquejeunes).

Comédie Française o Théâtre-Français
✅ 1 place Colette, 2 rue de Richelieu
🖥 www.comedie-francaise.fr
È, con l'Odéon, il teatro più importante di Parigi. Fondato nel 1680, è il più antico teatro a oggi funzionante del mondo. Questo edificio storico propone al pubblico il patrimonio teatrale nazionale. Da visitare il foyer con alcune preziose sculture e la famosa poltrona sulla quale Molière interpretò *Il malato immaginario*.

Odéon Theatre o Théâtre de l'Europe
✅ place de l'Odéon, 2 rue Corneille, place Paul Claudel
🖥 www.theatre-odeon.eu
È uno dei teatri nazionali di Parigi ed è stato inaugurato nel 1782. Distrutto da un incendio nel 1799 e nel 1818, fu subito riedificato.

Théâtre de la Ville – Sarah Bernhardt

- 2 place du Châtelet
- www.theatredelaville-paris.com

Dagli anni Ottanta del Novecento è divenuto punto di riferimento per la danza contemporanea ed etnica, in particolare per le esibizioni indiane e spagnole. Dal 1996 esiste una seconda sala nella zona nord di Parigi, il Théâtre des Abbesses (31 rue des Abbesses, www.theatredelaville-paris.com/en/lieux/theatre-des-abbesses).

Théâtre des Champs-Élysées

- 15 av Montaigne
- www.theatrechampselysees.fr

È un teatro lirico. Costruito all'inizio in metallo, fu Auguste Perret a occuparsi della struttura in cemento armato nel 1913. L'edificio comprende tre sale: una grande sala all'italiana, il Grand Théâtre, dedicata all'opera lirica e sinfonica; una sala intermedia, la Comédie; e una sala piccola, lo Studio, per il teatro di prosa.

Théâtre du Rond-Point

- 2 bis av Franklin D. Roosevelt
- www.theatredurondpoint.fr

È dedicato alla rappresentazione di opere di autori contemporanei viventi e alle sperimentazioni artistiche. È nato nel 1981 all'interno del Panorama (1855), un edificio a pianta circolare coperto da una cupola che dà luce alle pareti, sulle quali sono esposte tele che rappresentano paesaggi (i panorami, appunto). Più avanti è stato convertito in Palazzo del Ghiaccio. Da non perdere il ristorante affiancato alla sala degli spettacoli, Restaurant du Théâtre du Rond Point, www.theatredurondpoint.fr/informations/restaurant-2.

Théâtre des Bouffes du Nord

- 37 bis bd de la Chapelle
- www.bouffesdunord.com

Si trova accanto alla Gare du Nord ed è stato fondato nel 1876. Propone spettacoli musicali, ma anche danza e teatro di prosa. Ha una delle sale più ricche di charme di Parigi.

BILLETRÉDUC

Se avete già speso tutto il vostro budget, ma non volete rinunciare a una serata a teatro, magari scoprendo uno spettacolo al di fuori del cartellone mainstream, potete dare un'occhiata al sito BilletRéduc in cui potreste trovare biglietti per spettacoli, concerti e serate a prezzo scontato, www.billetreduc.com.

Altri teatri parigini, ma comunque in un elenco non esaustivo visto la grande offerta in città: Théâtre Mogador (25 rue de Mogador, www.theatremogador.com); Théâtre 13 (al Seine si accede dal civico 30 di rue du Chevaleret; al Jardin dal civico 103A bd Auguste-Blanqui, www.theatre13.com); il teatro nazionale La Colline (15 rue Malte-Brun, www.colline.fr); Théâtre National de la danse Chaillot (1 place Trocadéro, www.theatre-chaillot.fr); Théâtre du Châtelet (1 place du Châtelet, www.chatelet.com); Théâtre Lepic (1 av Junot, www.theatrelepic.com).

Come link utili per muovervi nella vasta offerta teatrale parigina, vi consiglio: www.theatreonline.com per prenotare i biglietti online e magari trovare qualche sconto, www.theatresprives.com dove sono segnalate tutte le programmazioni dei teatri di Parigi, www.canaltheatre.com in cui trovate la classifica dei teatri e altre curiosità e www.sortiraparis.com per prenotazioni dei biglietti, ticket omaggio, critiche e recensioni degli spettacoli. Per i teatri dedicati agli spettacoli per bambini, andate a pagina 214.

DAL CAFÉ-CONCERT AL CAFÉ-THÉÂTRE

Il *café-concert* o *café-chantant* è un genere di spettacolo nel quale si eseguono piccole rappresentazioni teatrali e numeri d'arte in locali in cui si possono consumare bibite o stuzzichini durante lo spettacolo. Se dai primi dell'Ottocento i *café-concert* sono scomparsi, si sono però affermati negli anni – e oggi sono ancora rinomati nella capitale francese – i *café-théâtre*. Ve ne elenco alcuni in cui provare questa esperienza: Au Bec Fin (✅ 6 rue Thérèse), Café Oscar (✅ 155 rue Montmartre), Moloko Pigalle (✅ 26 rue Pierre Fontaine, 🖥 www.moloko-pigalle.com), Le Point Virgule (✅ 7 rue Sainte-Croix de la Bretonnerie, 🖥 www.lepointvirgule.com), Le Triomphe (✅ 5 rue Blainville), Café de la Gare (✅ 41 rue du Temple, 🖥 www.cdlg.org), Le Grenier Dîner Spectacle Paris (✅ 3 rue Rennequin, 🖥 www.legrenier-dinerspectacle.com), L'Échelle à Coulisse (✅ 16 rue de Tolbiac), Caveau de la République (✅ 1 bd Saint-Martin, 🖥 www.lerepubliqueparis.fr), Le Double Fond dedicato agli spettacoli di magia (✅ 1 place du Marché Sainte-Catherine, 🖥 www.doublefond.com), Théâtre Le Bout (✅ 6 rue Frochot, 🖥 www.lebout.com), Théâtre Le Lieu (✅ 41 rue de Trévise), Théâtre Le Bourvil (✅ 13 rue des Boulets, 🖥 www.lebourvil.fr), Théâtre de la Providence (✅ 73 rue Rebeval), Théâtre Edgar (✅ 58 bd Edgar Quinet, 🖥 www.theatre-edgar.com), Théâtre Comedy Alambic (✅ 12 rue Neuve de la Chardonnière, 🖥 www.alambic-comedie.com), Le théâtre des 2 Anes (✅ 100 bd de Clichy, 🖥 www.2anes.com), Koçona Café (✅ 46 rue de Buzenval).
Potete anche consultare il sito 🖥 www.theatreonline.com selezionando dal menù humour & *café-théâtre*.

Parigi nei libri

A Parigi si legge tanto, anzi, la lettura è proprio un momento d'incontro e di confronto. Si assiste alle conferenze e alle presentazioni di nuove uscite nella ormai mitica libreria Shakespeare & Company nel Quartier Latin, si va a caccia di fumetti (in francese chiedete *bande dessinée*) nei mercatini dei libri o nei negozi specializzati e poi ci sono i bars à vin nel vecchio quartiere ebraico, che noi oggi chiamiamo Marais, come abbiamo già visto in queste pagine. Insomma, dovessimo analizzare la Parigi letteraria, ne scriveremmo un libro a sé. Qui ci sono solo alcune suggestioni per penetrare la storia e l'atmosfera della Ville Lumière, per stimolarvi al prossimo viaggio o per non staccarvene, nel caso in cui foste appena tornati, come un metodo "anti nostalgia". Sempre in previsione della prossima partenza per la capitale francese.

Al paradiso delle signore
Émile Zola

La storia della giovane orfana Denise, che si trasferisce a Parigi da una città della Normandia, e quella dell'imprenditore Octave Mouret, che ha aperto il primo grande magazzino della capitale francese.

Avremo sempre Parigi. Passeggiate sentimentiali in disordine alfabetico
Serena Dandini
Per scoprire Parigi dalla A alla Zeta, richiamando nel titolo la famosa frase: "Avremo sempre Parigi", pronunciata da Humphrey Bogart a Ingrid Bergman nel finale di Casablanca. *We'll always have Paris…*

Avventure della ragazza cattiva
Mario Vargas Llosa
È un romanzo autobiografico nelle ambientazioni, che seguono la biografia di Llosa: negli anni Cinquanta a Lima, negli anni Sessanta a Parigi, negli anni Settanta a Londra e negli anni Ottanta a Madrid. Una storia d'amore con la niña mala che percorrerà tutta la vita di Ricardo.

Da Parigi alla luna
Adam Gopnik
Cinque anni vissuti con la famiglia a Parigi. Gopnik, corrispondente da Parigi per il "New Yorker", racconta la Ville Lumière attraverso lo sguardo dell'americano che ha a che fare con le difficoltà quotidiane e scopre gli angoli più segreti della città.

Festa mobile
Ernest Hemingway
Una raccolta di memorie dello scrittore statunitense. A riordinarle solo nel 1964 è stata la moglie Mary Walsh. Gli episodi raccontano le visite e i soggiorni di Ernest Hemingway a Parigi durante gli anni Venti. Dagli incontri con Gertrude Stein ed Ezra Pound alla vita con Hadley, la sua prima moglie.

I "passages" di Parigi
Walter Benjamin

Più un libro da consultare che da leggere. Benjamin ha raccolto materiale su Parigi e sui suoi abitanti, sui suoi usi e i suoi tic. Dal *flâneur* alla moda, dall'Art Nouveau alla modernizzazione urbanistica del Barone Haussmann. Solo per le appassionate del genere.

I tre moschettieri
Alexandre Dumas

Se avete in programma una visita alla Reggia di Versailles, questa è la lettura ideale. I luoghi di D'Artagnan sono però anche a Parigi: tra la chiesa di Saint Sulpice e il Palais du Luxembourg. Nel romanzo Porthos abitava in rue de Vieux Colombier, Athos in rue Ferou, Aramis in rue de Vaugirard e D'Artagnan in rue des Fossayeurs, che poi si chiamerà rue Serrandoni. Tra le pagine di Dumas ritrovate il Louvre, place Royale (oggi place des Vosges), il Quartier Latin, la Sorbonne. Una statua di D'Artagnan si trova accanto a quella del suo autore Dumas in place du General Catroux, opera di Gustave Doré.

Il ciclo dei Malaussène
Daniel Pennac

Da *Il paradiso degli orchi* del 1985 a *Il caso Malaussène. Mi hanno mentito* del 2017, Pennac racconta di Benjamin Malaussène e dei personaggi che gli ruotano attorno partendo dal quartiere Belleville, caratterizzato da una importante immigrazione, prima da parte di armeni e polacchi, poi da ebrei e uomini dell'Africa occidentale. Dagli anni Ottanta il flusso migratorio arriva anche dall'Asia, in particolare cinesi e vietnamiti.

Illusioni perdute
Honoré de Balzac
Un romanzo per tutti, tra quelli dell'autore francese, ma potete spaziare tra le sue opere. Qui il protagonista è Lucien Chardon che, quando arriva a Parigi, si presenta come Lucien de Rubempré. Suggerisco anche *Papà Goriot*, capolavoro di Balzac, che inizia in uno stabile malandato in rue Neuve-Sainte Geneviève, dove si trova la pensione Vauquer, e prosegue con la Parigi sfarzosa dei balli di Madame de Beauséant.

L'eleganza del riccio
Muriel Barbery
Nella *rive gauche*, tra il 6° e il 7° arrondissement si trova rue Grenelle, la strada lungo la quale sorge il palazzo in cui si svolge la storia della portinaia Renée Michel e della giovane Paloma Josse.

L'ultima volta che vidi Parigi
Francis Scott Fitzgerald
Diventato famoso per il film di Richard Brooks con Liz Taylor, si compone di due racconti che descrivono la capitale francese: *Babilonia rivisitata* e *Notizie da Parigi, quindici anni fa*.

La casa di Parigi
Elizabeth Bowen
Proposto in Italia dopo anni da una prima pubblicazione nel 1991 (*La casa a Parigi*), il libro è del 1935. È la storia di Henrietta, che arriva dall'Inghilterra, e di Leopold, ospitati nella casa parigina della signora Fisher e della madre malata. La storia si svolge su diversi piani temporali e nel flashback la casa di Parigi è un pensionato per ragazze americane e inglesi.

La vita, istruzioni per l'uso
Georges Perec
Perec racconta la vita degli abitanti di un palazzo parigino di dieci piani, con dieci stanze per piano.

Le storie del Commissario Maigret
Georges Simenon
La maggior parte delle storie che Simenon scrive sul Commissario Maigret è ambientata a Parigi. Tra i luoghi ricorrenti, potete riconoscere i boulevard e le stazioni ferroviarie, i locali notturni di Pigalle e di Montmartre, alcune zone del Marais. Il palazzo di giustizia è al 36 di quai des Orfèvres, tra il Pont Neuf e rue de la Cité. La Brasserie Dauphine è un luogo di fantasia che si può localizzare in place Dauphine, dietro il quai des Orfèvres. Maigret vive con la moglie al 132 di boulevard Richard-Lenoir, un viale alberato nell'11° arrondissement, tra l'Île de la Cité e il cimitero Père-Lachaise. Ne La chiusa n.1 – forse per un errore dell'autore – l'abitazione di Maigret è descritta in boulevard Edgar-Quinet. Per un breve periodo, i coniugi Maigret vanno a vivere al 21 di places des Vosges, dove Simenon ha ambientato L'ombra cinese. Parigi è sempre la stessa, sia negli anni Trenta che negli anni Sessanta.

Lo spleen di Parigi
Charles Baudelaire
Piccoli poemi in prosa è l'altro titolo con cui si conosce questa raccolta di cinquanta componimenti scritti tra il 1855 e il 1864. I poemi provocatori sondano sentimenti, abitudini e personaggi della Parigi della seconda metà dell'Ottocento. Baudelaire della sua opera scrisse (in una lettera a Troubat): "Questi sono i nuovi fiori del male, ma con più libertà, molti più dettagli e molta più satira".

Memorie d'una ragazza perbene
Simone De Beauvoir
Un diario diviso in quattro parti, ognuna delle quali racconta le tappe dell'educazione di Simone. Dallo scontro con la famiglia ai pregiudizi di un mondo in declino, fino agli anni degli studi universitari e l'incontro con, tra gli altri, Simone Weil e Jean-Paul Sartre.

Notre-Dame de Paris
Victor Hugo
La storia del gobbo Quasimodo, di Esmeralda e dell'arcidiacono Claude Frollo si svolge all'ombra della cattedrale di Parigi.

Parigi 1928
Henry Miller
Il racconto del viaggio a Parigi desiderato e sognato dall'autore americano. Sono gli anni di Hemingway e Fitzgerald, i grandi espatriati americani, e degli intellettuali francesi come Chaïm Soutine, Jean Cocteau, Tristan Tzara, Max Ernst, Louis Aragon, Blaise Cendras, Edgard Varèse.

Ricordi di Parigi
Edmondo De Amicis
L'autore italiano va a Parigi durante l'Esposizione Universale del 1878 e ne fa un resoconto in questo breve scritto. S'immerge nella città, tra boulevard e café. La Parigi notturna de l'Opéra, le luminarie, le attrazioni. E poi gli incontri con Victor Hugo ed Émile Zola.

Tutto il ferro della Torre Eiffel
Michele Mari
Passages e mercatini delle pulci e un caffè al tavolino del quale sono seduti Walter Benjamin e

Marc Bloch, intenti a bere Pastis. Ma tra le pagine di Mari ci sono anche Fernando Pessoa, T.S. Eliot, Carlo Emilio Gadda, Franz Kafka.

Zazie nel metrò
Raymond Queneau

Zazie arriva a Parigi dalla campagna ed è ospite dello zio Gabriel, un omone che fa il ballerino travestito. La ragazzina incontra personaggi di ogni tipo e desidera soprattutto scoprire la città, a cominciare dal métro, che però è chiuso per uno sciopero.

Dello stesso autore vi consiglio *Conosci Parigi?*, una guida a domanda e risposte per chi ama la capitale francese. Si tratta di una raccolta della rubrica che Queneau ha tenuto sul quotidiano "L'Intransigeant" tra il novembre 1936 e l'ottobre 1938.

Qualche lettura leggera contemporanea per chi ama i romanzi rosa ambientati a Parigi e desidera farsi accompagnare ogni volta che ritorna nella capitale francese:

- *Amour à Paris*, Melinda Miller
- *Come essere una parigina ovunque tu sia*, Sophie Mas, Audrey Diwan, Caroline de Maigret, Anne Berest
- *Dentro c'è una strada per Parigi*, Novita Amadei
- *Due cuori a Parigi* e *La felicità delle piccole cose*, Caroline Vermalle
- *La piccola erboristeria di Montmartre*, Donatella Rizzati
- *Luna di miele a Parigi* e *Un weekend da sogno*, Jojo Moyes
- *Parigi è sempre una buona idea*, Nicolas Barreau
- *Qualcosa che somiglia al vero amore*, Cristina Petit
- *Sette lettere da Parigi*, Samantha Vérant

I caffè letterari

L'*entente de la vie* dei parigini, ovvero la loro arte di vivere, si manifesta nei caffè che si trovano a ogni angolo di strada. Potete leggere, portare il vostro computer, lavorare. Potete organizzare una riunione di lavoro, una chiacchierata con amiche, anche solo scegliere di stare per conto vostro ma senza rimanere chiuse in casa o in albergo. A frequentare assiduamente i caffè parigini in passato sono stati Simone de Beauvoir, Sartre, Ernest Hemingway, Leòn Fargue, Apollinaire. Il caffè infatti aveva anche un preciso ruolo sociale, culturale e intellettuale poiché serviva da studio per gli scrittori. Oggi ci sono ancora alcuni caffè letterari in cui è bello andare a tastare l'atmosfera e prendersi una pausa.

Ve ne consiglio alcuni.

Café de Flore

 172 bd Saint-Germain

www.cafedeflore.fr

Nato intorno al 1887, il Café de Flore è stato la redazione della rivista «Les Soirées de Paris» di Apollinaire. Jean-Paul Sartre e Simone de Beauvoir avevano un tavolino fisso al quale ricevere amici, scrivere e fare riunioni. Ordinate un bicchiere di vino e una degustazione di formaggi francesi.

Café de la Mairie

 8 place Saint-Sulpice

Non ha un sito web, ma potete andare sul sicuro passando qualche momento nel dehor da sui si gode la vista di uno degli angoli più tipici di Parigi. Qui sono stati Henry Miller, Sartre, Simone de Beauvoir. Il piatto forte è l'omelette al formaggio.

Café de la Paix

 5 place de l'Opéra

www.cafedelapaix.fr

Siamo all'angolo tra place de l'Opéra e boulevard des Capucines, di fronte all'Opéra Garnier. A inaugurare questo locale è stata l'imperatrice Eugenia, moglie di Napoleone III, nel 1862. Il Café de la Paix è passato alla storia anche per l'ultima cena di Oscar Wilde con lord Alfred Bosie Douglas. Eugène Pirou nel 1896 vi organizzava proiezioni del cinematografo al costo di un franco.

Café de la Rotonde

 105 bd du Montparnasse

menuonline.fr/la-rotonde-montparnasse

Capita spesso che due famosi locali si trovino proprio uno di fronte all'altro, come Brasserie Lipp, dirimpettaia non solo di Café de Flore, ma anche di Les Deux Magots su boulevard Saint-Germain. Accade anche con due caffè letterari: Café de la Rotonde e Le Dôme Café, entrambi su boulevard du Montparnasse, uno di fronte l'altro. Aperto nel 1911, La Rotonde diventa subito un centro letterario e filosofico nel quartiere. E negli anni Dieci e Venti era frequentato da pittori come Picasso, Alexandre-Louis Jacob, Amedeo Modigliani, Moïse Kisling, André Derain, ma anche da Lenin e Trotskij, esiliati russi. La terrazza del locale è soleggiata dall'alba al tramonto.

La Closerie des Lilas

171 bd du Montparnasse

www.closeriedeslilas.fr

In *Festa mobile* Ernest Hemingway scrive: «La Closerie des Lilas era uno dei migliori caffè di Parigi. D'inverno dentro faceva caldo e in primavera era molto bello fuori con i tavolini all'ombra degli alberi. Sembra quasi una trattoria di campagna, che in francese si indica con guinguette». Amato non solo da Hemingway, qui Francis Scott Fitzgerald avrebbe mostrato all'amico le prime bozze del *Grande Gatsby*. Sono stati clienti de La Closerie anche Baudelaire e Miller.

La Palette

43 rue de Seine,

www.lapalette-paris.com

Compare nella lista dei locali storici di Parigi ed è anche citato come miglior caffè all'aperto della città nella classifica di "Le Figaro" per la sua terrazza fiorita. Qui si sono fermati Hemingway, Jacques Prévert, Sartre, per citarne alcuni, ma anche scrittori e filosofi che facevano base nella pensione Louisiana. Potete ordinare il *café crème* e, se avete fame, i taglieri di formaggi e salumi.

Lapérouse

51 quai des Grands Augustins,

www.laperouse.com

In stile Belle Epoque, Lapérouse è stato aperto nel 1766 e ha avuto tre stelle Michelin tra 1933 e 1968 e due tra 1949 e 1951. Tra i clienti Victor Hugo, Guy de Maupassant, Alexandre Dumas, William Thackeray e Robert Louis Stevenson.

Le Dôme Café

108 bd du Montparnasse

www.restaurant-ledome.com

È citato anche in uno scritto di Édith Piaf: "*Les cafés crèmes, le Café du Dôme,/ Les faubourgs, le Quartier latin,/ Les Tuileries et la Place Vendôme*". Nato alla fine dell'Ottocento, negli anni Venti diventa punto di ritrovo degli intellettuali di Parigi. Qui sono stati Lenin e Trotskij, Picasso e Modigliani. Le Dôme è stato anche luogo di riunione dei partiti politici. Oggi potete ancora trovare appese alle pareti le fotografie dei suoi frequentatori ed è diventato anche ristorante di pesce.

MUSÉE ÉDITH PIAF

Il Musée Édith Piaf ( 5 rue Crespin du Gast, 11°) è aperto solo su prenotazione ed è necessario fare richiesta almeno una decina di giorni prima della data che vi interessa. Riceverete un codice di accesso per entrare al museo. È gradita un'offerta. Potete chiamare il numero +33(0)143555272. Gli orari di apertura sono: lunedì-mercoledì dalle 13.00 alle 18.00 e giovedì dalle 10.00 alle 12.00. Qui sono custodite lettere, cimeli e oggetti personali della cantante francese.

Le Montana

28 rue Saint-Benoît

A due minuti a piedi da Saint-Germain-des-Prés, si trova questo caffè che è anche e soprattutto un albergo. Più volte è stato nominato quale miglior bar di Parigi. Le Montana cela un piacevole segreto perché oltre al bar, al suo interno, nel piano interrato si trova una piccola discoteca. Solo chi la conosce può trovarla. Le Montana è stato molto

amato da alcuni registi, come Jean-Luc Godard,
François Truffaut e Alain Resnais.

Le Procope

 13 rue de l'Ancienne Comédie

www.procope.com

Inaugurato nel 1686 dallo chef siciliano Procopio Cutò, è considerato il più antico caffè parigino aperto senza interruzione. Forse anche il più vecchio d'Europa. Qui si discuteva di filosofia nel periodo d'oro degli Illuministi – da Voltaire a Rousseau – e quando nel 1790 morì Benjamin Franklin, Le Procope per rispetto appese all'ingresso i drappi neri per il lutto. Si tramanda che l'*Enciclopédie* di Diderot e D'Alembert fu ideata a Le Procope. E, qui, Danton, Marat e Robespierre pare si siano scambiati le prime idee sulla Rivoluzione francese.

Les Deux Magots

 6 place Saint-Germain-des-Prés

www.lesdeuxmagots.fr

Inaugurata nel 1885, è una iconica brasserie che serve tradizionale cucina francese. Ancora oggi sul menù dei Deux Magots si legge *"Rendez-vous de l'élite intellectuelle"*, ritrovo dell'élite intellettuale. Assidui frequentatori sono stati Arthur Rimbaud, Paul Verlaine, Stéphane Mallarmé. Nel suo ultimo periodo di vita, Oscar Wilde ha fatto colazione ai Deux Magots ogni mattina. Ordinate un ottimo Croque Monsieur.

Ma Bourgogne

 19 place des Vosges

www.ma-bourgogne.fr

A pochi metri dal bistrot si trova la casa di Victor Hugo e non è distante anche il Musée Picasso. Ma

Bourgogne è forse il locale più famoso – e affollato – del Marais. Reso celebre dai romanzi di Simenon poiché l'ispettore Maigret si fermava spesso al bistrot, propone cucina con specialità della Borgogna.

Polidor

 41 rue Monsieur le Prince
www.polidor.com

La Crémerie-Restaurant Polidor è uno storico locale della Ville Lumière. Fondato nel 1845, ha poi preso il suo nome attuale nei primi anni del Novecento. Siamo alle spalle della Sorbonne e ha sempre accolto gli studenti universitari. Chi aveva pochi spiccioli chiedeva il menù BOF (burro, uova, formaggio). Il Polidor è piaciuto molto a Verlaine, Joyce, Rimbaud, Max Ernst. Alcune scene di *Midnight in Paris* di Woody Allen sono state girate qui. Potete ordinare la famosa tarte tatin.

In viaggio con i bambini

Fare un viaggio con i bambini è sempre una questione di compromessi. Parigi, fin dalle sue vetrine come opere d'arte e dai grandi centri commerciali decorati, soprattutto durante il periodo delle feste natalizie, può offrire già un buon intrattenimento.

Lungi dal voler essere esaustiva, in questo elenco ho provato a raccogliere alcune delle suggestioni che possono essere utili per un viaggio con prole.

Il quartiere di Montmartre con i pittori in place du Tertre e i musicisti di strada può essere apprezzato anche dai più piccoli. In zona si trova il **Petit Musée du Chocolat** (7 rue de Steinkerque), dove imparare i segreti del cioccolato francese e acquistare qualche cioccolatino.

Ma a Parigi si trova anche il **Choco Story – Musée du Chocolat** (28 bd de Bonne Nouvelle, www.museeduchocolat.fr) dove le visite sono guidate da maître chocolatier in persona. Nei workshop si può anche provare a creare la propria tavoletta di cioccolato (dai 6 anni).

Un'altra proposta potrebbe essere quella di salire su un battello per un'escursione sulla Senna. Per esempio, le principali attrazioni di Parigi sono collegate dalla rete di battelli **Batobus** (www.batobus.com), oppure potete scegliere le compagnie che offrono anche pranzo o cena a bordo, ma attenzione perché in quest'ultimo caso dovrete badare anche al dress code.

Avevate mai pensato che sareste riuscite a gustarvi qualche ora in un museo senza capricci? **THATMuse** rende il sogno realtà grazie a una caccia al tesoro al Louvre o al Musée d'Orsay. Bambini e ragazzi si sfidano per cercare di scattarsi più fotografie possibili davanti alle opere d'arte esposte in un arco di tempo di 90 minuti, lasciandovi libere di girovagare tra le sale tranquillamente. Tutte le informazioni sono sul sito ▣ www.thatmuse.com.

Durante una bella giornata di sole invernale o nel periodo estivo, potete fare una passeggiata in uno dei **parchi o giardini cittadini**. I dieci che preferisco li trovate a pagina 75. In particolare, il parco più antico della città è il Jardin des Tuileries, che si trova tra il Louvre e place de la Concorde, e al suo interno ospita la ruota panoramica che regala scorci suggestivi di Parigi. Un'altra idea può essere quella di giocare con i bambini con le barchette di legno della fontana ottagonale del Jardin de Luxembourg. Le piccole imbarcazioni sono a pagamento e sono disponibili durante il fine settimana e nel periodo delle vacanze scolastiche francesi.

Salire sulla **Tour Eiffel** sarà di certo un'avventura che i vostri bimbi ricorderanno per sempre. Si può accedere con le scale o con un ascensore che ferma al secondo piano oppure sulla cima. Date uno sguardo ai biglietti sul sito ▣ www.toureiffel.paris/it perché ci sono tante offerte per famiglie, tra cui ingresso gratuito fino a 4 anni e ridotto fino a 11. I piccoli potranno anche conoscere Gus, la mascotte della torre di metallo creata in onore del costruttore Gustave Eiffel.

Sempre nel cuore della città si trova un altro luogo che i più piccoli (e non solo!) ameranno molto: il **Cinéaqua, l'Aquarium de Paris** (☑ 5 av Albert de Mun, ▣ www.aquariumdeparis.com). Nelle vasche vivono oltre diecimila specie di pesci e di creature marine che provengono da ogni parte del mondo. Paura e fascino lasceranno a bocca aperta i bambini percorrendo il tunnel degli squali. Non mancano laboratori interattivi e varie attività che riguardano il mondo sottomarino.

All'interno del parco La Villette si trova la **Cité des Sciences et de l'Industrie** (☑ 30 av Corentin-Cariou, 💻 www.cite-sciences.fr), il più grande museo delle scienze di tutta Europa. Qui c'è un'area dedicata ai bambini, la **Cité des Enfants** (2-7 anni), con cinque spazi tematici per stimolare le abilità dei più piccoli: Je me découvre, Je sais faire, Je me repère, J'expérimente, Tous ensemble. C'è anche una parte per i più grandi (5-12 anni), con i laboratori per imparare divertendosi, per esempio con le proprietà dell'acqua o scoprendo i vari metodi di comunicazione. L'ultima area è quella del giardino, in cui si possono osservare fiori, piante e insetti.

Al Parc André-Citroën si trova **Ballon de Paris** (💻 www.ballondeparis.com), la mongolfiera più grande del mondo che si alza sopra la città. Si sale a 150 metri ed è agibile solo nelle giornate senza forte vento.

Fa parte del gigantesco Bois de Boulogne il **Jardin d'Acclimatation** (☑ route de la Porte Dauphine à la Porte des Sablons, 💻 www.jardindacclimatation.fr), dove c'è una grande sezione dedicata ai bambini, tra cui il centro ippico e numerosi laboratori didattici. O, se volete far sfogare un po' i vostri figli, potete accompagnarli a giocare nelle aree attrezzate del parco. Nei mesi estivi è aperta la piscina per i bambini, così come il beach garden.

Bonhomme de bois (💻 www.bonhommedebois. com) è una catena di negozi che propone giochi, doudou, giocattoli di un tempo ed è specializzata in marchi di qualità. Le sedi sono una più bella dell'altra: 43 boulevard Malesherbes, 19 rue de la Roquette, 141 rue d'Alésia, 46 avenue Niel.

Non solo giochi, adesivi, libri da colorare, ma anche un parrucchiere per i piccoli da **Bonton Filles du Calvaire** (☑ 5 bd des Filles du Calvaire, 💻 www.

bonton.fr): nel Marais, un colorato negozio di abbigliamento per bambini dai 3 ai 12 anni.

Un altro negozio che piacerà ai bambini è **La Boite à Joujoux** (💻 www.joujoux.com) al 41 di Passage Jouffroy. Le miniature appassioneranno anche i più grandi, così come le bambole in vero legno.

La Boutique Bass (✅ 229 Rue Saint-Jacques, 💻 www.bass-paris.com) propone una selezione di giocattoli di legno e di oggetti insoliti realizzati in Francia. Trovate anche peluche e zainetti per la scuola o per il tempo libero.

Un negozio che farà sognare anche noi è **La Maison de Poupée** (💻 www.lamaisondepoupee-paris.com) al 40 di rue de Vaugirard, di fronte al Jardin du Luxembourg. Bambole, abbigliamento, accessori, casette, mobili e cavalli di legno.

Se i vostri figli e nipoti sono appassionati di Harry Potter, il più famoso maghetto della Gran Bretagna, possono trovare pane per i loro denti anche a Parigi, all'**Académie de Magie** di Parigi (✅ 11 rue Saint-Paul, 💻 www.academiedemagie.com). È possibile farsi svelare qualche segreto e trucco di magia e ci sono spettacoli a tema.

In una giornata di pioggia, potreste portare i bambini a diversi con voi al **Musée de l'Illusion** (💻 www.museedelillusion.fr) al 98 di rue Saint-Denis. La galleria interattiva che utilizza specchi, trucchi, effetti ottici e giochi di prospettive piace anche agli adulti.

È aperto solo su prenotazione e in alcuni periodi dell'anno, tra cui le festività natalizie, ma se capita l'occasione non dovete perdere una visita al **Musée des Arts Forains** (✅ 53 av des Terroirs de France, 💻 www.arts-forains.com), che si trova a Bercy Village. Si tratta di un museo dedicato alle giostre antiche, non solo da guardare, ma anche da usare, poiché sulle giostre si può salire, e sarà un ricordo indelebile per tutti perché è un luogo davvero magico.

Il suggerimento forse più scontato e più desiderato è **Disneyland Paris** (💻 www.disneylandparis.com), il parco a tema più famoso d'Europa. Le attrazioni, oltre Main Street, sono suddivise in quattro aree tematiche: Adventureland, Discoveryland, Fantasyland, Frontierland.

Da Parigi si può raggiungere Disneyland con il treno RER A che dalla stazione Nation alla a stazione Marne-la-Vallée/Chessy impiega 35 minuti. Potete scegliere se trascorrere la notte nel parco o se fare una gita di un'intera giornata e poi rientrare a Parigi.

C'è un altro parco a tema molto amato dai bambini, soprattutto se appassionati dei fumetti di Albert Uderzo e René Goscinny: **Parc Astérix** (✅ Plailly, 💻 www.parcasterix.fr), in cui è raccontato il mondo dei Galli, di Astérix e Obelix. Si trova a 35 chilometri a nord di Parigi e si può raggiungere con l'automobile, in navetta o con un taxi. Tra le attrazioni più apprezzate quelle di magia, l'arena con lo scontro Galli contro Romani e gli spettacoli acquatici con i delfini.

Salendo su un bus o sul treno che da Montparnasse porta alla stazione di Verrière, si può visitare **France Miniature** (✅ bd André Malraux, Élancourt, 💻 www.franceminiature.fr), a 50 chilometri a ovest di Parigi, oltre Versailles. Tutte le attrazioni di Francia sono riprodotte in miniatura e sono interattive. Un'idea anche per i bambini un po' più grandi o che hanno visitato già altre volte i parchi più famosi di Parigi.

Vi lascio un elenco di teatri per i bambini:

Atelier de la Bonne Graine
✅ 16 Passage de la Bonne Graine
💻 www.atelierbonnegraine.fr

Le Grand Parquet
✅ 35 rue d'Aubervilliers
💻 www.legrandparquet.fr

Théâtre Abricadabra

☑ www.abricadabra.fr, Péniche Antipode

🖥 face au 55, quai de la Seine

Théâtre du Jardin

☑ Fb: @theatredesmarionnettesdujardinduluxembourg

🖥 1 rue du Bois de Boulogne

Théâtre Dunois

☑ 7 rue Louise Weiss

🖥 www.theatredunois.org

Théâtre Guignol Anatole au Parc des Buttes Chaumont

☑ av de la Grotte/1 rue Botzaris

🖥 www.guignol-paris.com

Théâtre Guignol du Parc Montsouris

☑ 23 bis av Reille

🖥 www.guignol-parcmontsouris.com

Chiudo con una curiosità: sulla linea 1 della metropolitana, nel vagone di coda, i vostri bambini possono divertirsi a "guidare" il treno con dei comandi giocattolo. Davvero una bella esperienza.

Luoghi da selfie a Parigi

Atelier Brancusi

 place Georges Pompidou

 www.centrepompidou.fr

Una delle più interessanti gallerie d'arte di Parigi. Scattate una foto nel laboratorio dello scultore rumeno.

Au Vieux Paris d'Arcole

 24 rue Chanoinesse

www.restaurantauvieuxparis.fr

Classici piatti serviti in un edificio del XVI secolo con antichità e decorazioni interessanti. Ma a noi piace tanto l'esterno per uno scatto, con le sue inferriate alle finestre e l'insegna color oro su verde Tiffany. In primavera l'ingresso è ricoperto da una cascata di glicini.

Boot Café

19 rue du Pont aux Choux

Con l'ingresso in legno azzurro e la grande insegna Cordonnerie, proprio come un tempo, prendete un caffè e un dolce e poi fatevi uno scatto parigino qui fuori. Delizioso.

Boulevard Malesherbes

In questa strada si trova un palazzo con una veranda semicircolare su ogni piano. Lo vedete all'angolo con rue des Mathurins. Avrete voglia di andarci a vivere subito!

Bourse de Commerce – Pinault Collection

 2 rue de Viarmes

www.pinaultcollection.com

La vecchia Borsa di Parigi è stata riprogettata da Tadao Ando e oggi è un museo in cui poter trovare numerose esposizioni interessanti (consultate sempre il sito), ma uno scatto da non perdere è quello all'interno della grande rotonda sormontata dalla copertura in vetro e acciaio e coronata dal grande affresco allegorico del commercio di 1.400 metri quadrati a venti metri di altezza, nucleo centrale dell'edificio. La Bourse de Commerce costituisce la sede permanente a Parigi dell'incredibile collezione dell'imprenditore francese François Pinault.

Buttes-Chaumont

Salite sulla cima più alta della collina di questo bel parco e cercate di intravedere – in una giornata limpida – la Basilique du Sacré-Coeur e la Tour Eiffel.

Butte-Bergeyre

Non lontano da Buttes-Chaumont si trova il giardino della Butte-Bergeyre. Anticamente conosciuto come giardino dei Chaufourniers, è un'area verde condivisa nel 19° che comprende una piccola vigna, il *clos dei chaufourniers* (in particolare chardonnay, chasselas, pinot noir). Ci sono coltivazioni di piante aromatiche e sei arnie da cui si ricava il miele. I bambini possono approfittare di un piccolo spazio per i giochi. Da qui, è imperdibile il panorama su Montmartre.

Café de Flore

- 172 bd Saint-Germain
- www.cafedeflore.fr

È una delle icone di Parigi, aperto tutti i giorni dalle 7.30 all'una e mezza del mattino. Tipico locale parigino ad angolo con l'atmosfera bohémienne del Quartier Latin. Aperto al pubblico nel 1887, vi chiamerà a gran voce per uno scatto.

Cité florale

Un micro quartiere pittoresco del 13°: place de Rungis, rue des Orchidées, rue Brillat-Savarin. Ideale per scattare qualche foto tra le piccole case colorate. Bellissimo tra marzo e aprile quando fioriscono i glicini.

Cité du Figuier

Una pépite da scoprire alle spalle di rue d'Oberkampf (all'altezza dei civici 104-106) per passeggiare in una Parigi tropicale.

Cité du Midi

- 48 bd Clichy

Questa strada verdeggiante e segreta si trova tra les Abbesses e Pigalle. Vi sembrerà di essere in Provenza!

Cité Durmar

- 154 rue Oberkampf

Non lontano da Cité du Figuier, verso Ménilmontant si trova questa strada con il pavés e con le case dalle facciate caratteristiche ricoperte di edera e rampicanti.

Cité Napoléon

 60 rue Marguerite de Rochechouart
Costruita per la working class nel XIX secolo sotto Louis-Napoléon Bonaparte, è la prima città coperta di Parigi, nel 9°. Andate a vedere la parte con la tettoia di vetro.

Cité Popincourt

Una via celata a chi passa di fretta, si trova nel quartiere Saint-Ambroise, nell'11°. Per una passeggiata senza traffico e qualche scatto caratteristico.

Coulée Verte René-Dumont

Mi piace tutta la Promenade plantée creata nel 1988, ma andate nella parte in cui la passerella sembra tagliare a metà alcuni edifici, è molto scenografica.

Cour Damoye

Una strada nascosta che sembra un giardino segreto, giusto alle spalle di place de la Bastille, nell'11°. Direi la strada più tranquilla di tutta la *rive droite*.

Fondation Louis Vuitton

8 av du Mahatma Gandhi
www.fondationlouisvuitton.fr
Un museo incredibile con un'architettura da non perdere (impossibile non riconoscere la mano di Frank Gehry) anche se siamo un po' ai confini della città.

Fontaine Médicis

All'interno del Jardin du Luxembourg, per me la più bella fontana della capitale francese. In autunno con il foliage è indimenticabile.

219

Grande Mosquée de Paris

 2 bis place du Puits de l'Ermite
www.mosqueedeparis.net
Il giardino della moschea è un tripudio di fiori, incredibile la fioritura dei glicini in primavera.

Halle Saint-Pierre

 2 rue Ronsard
www.hallesaintpierre.org
Date uno sguardo alle ultime esposizioni o alla libreria e poi scattate una foto in questo spazio dalle ampie vetrate. Se uscite, proprio sul lato subito a destra, riuscite a scorgere la Basilique du Sacré-Coeur.

Hôtel de la Païva

 25 av des Champs-Élysées
Se si va sugli Champs-Élysées per fare shopping, bisogna proprio dire che questo è un gioiello nascosto. Si tratta dell'hôtel particulier della Marchesa de Païva, Monumento storico dal 1980. La facciata è in stile rinascimentale italiano e l'interno è ricco di meraviglie e di piante. Addirittura, c'è una vasca da bagno d'argento che pesa 900 chili e con tre rubinetti: uno era per l'acqua fredda, uno per quella calda e uno per lo champagne. Per le visite su prenotazione: www.paris-capitale-historique.fr/visite/hotel-paiva.

Hôtel particulier – Maison de Serge Gainsbourg

 5 bis rue de Verneuil
www.maisongainsbourg.fr
Nel 7° arrondissement si trova la casa del mitico artista che sta per diventare museo. Siate le prime a scattarvi una foto qui.

Île aux Cygnes

Forse non tutti sanno che sull'isola artificiale dei cigni, nel centro della Senna, tra il Pont de Bir-Hakeim e il Pont de Grenelle si trova una replica della Statua della Libertà. Fu offerta dai francesi residenti negli Stati Uniti alla città di Parigi. Installata in modo che guardasse la Tour Eiffel, è poi stata riposizionata in modo da non farle dare le spalle al Palais de l'Élysée.

Impasse Poule

Una via nascosta situata nel 20°, nel quartiere di Charonne. Fiori che sembrano uscire direttamente dai muri delle case.

Institut Giacometti

 5 rue Victor Schoelcher

www.fondation-giacometti.fr

Un bellissimo spazio dedicato ai lavori di Alberto Giacometti nel 14°.

Jeu de Paume

 1 place de la Concorde

www.jeudepaume.org

L'iconico edificio nel Jardin des Tuileries non può mancare in un vostro ricordo. Andate anche all'interno: uno spazio dedicato all'arte contemporanea e alla fotografia.

Kube Paris Hotel

 1 Passage Ruelle

www.kubehotel-paris.com

In una strada tranquilla vicino a Montmartre, questo hotel 4 stelle vi ospiterà in uno spazio concettuale. Date un'occhiata anche al bel ristorante francese Après (www.apres-restaurant.fr) al 1 di Passage Ruelle.

La Boucherie

www.la-boucherie.fr

372 rue de Vaugirard

Un perfetto esempio della tipica architettura parigina si può trovare raggiungendo questo ristorante e ammirando il palazzo di lato, dove sembra segato per metà. Potete anche raggiungerlo passeggiando lungo la Petite Ceinture.

La "casa storta" a Montmartre

Non è davvero storta ed è diventata popolare su Instagram. Di che cosa si tratta? Il prato ai piedi della Basilique du Sacré-Coeur è in pendenza e allineando l'orizzonte dell'obiettivo della vostra macchina fotografica o del vostro smartphone creerete una prospettiva interessante. Dove si trova esattamente? Poco al di sotto della basilica, scendendo i gradini, alla vostra sinistra, è il palazzo con le decorazioni bianche e color mattone e le mansarde con i tetti di ardesia.

La Campagne à Paris

bd Mortier, rue du Capitaine-Ferber, rue Géo-Chavez

Nel 20° si trova questo quartiere silenzioso che sembra essere stato strappato al traffico cittadino. Situato nei pressi della Porte de Bagnolet, conta un centinaio di case con i loro giardini e le architetture d'un tempo che fu. Il lotto era stato creato nel 1907 per permettere anche ai meno abbienti di avere una abitazione in città. L'inaugurazione risale al 20 giugno 1926. Vi innamorerete degli scorci di questo "villaggio".

La Géode

 26 av Corentin Cariou

 www.lageode.fr

All'interno del Parc de la Villette, è una enorme sfera specchiata al cui interno si trova l'Omnimax, una sala cinematografica per vedere film a 180 gradi.

La Maison Rose

 2 rue de l'Abreuvoir

 www.lamaisonrose-montmartre.com

Serie tv, film e fotografie sui social. Impossibile non restare affascinati da questo edificio rosa con le persiane e le porte verdi sulla Buttes-Montmartre.

Le Consulat

 18 rue Norvins

È uno dei miei spot preferiti per scattare qualche foto. Struttura molto bella a Montmartre, ma se poi fate qualche passo indietro e includete anche il Café Montmartre vedrete spuntare la cupola del Sacro Cuore.

Le mur des Je T'Aime

Proprio alle spalle dell'uscita del métro Abbesses, non perdetevi il "muro dei ti amo", Le mur des Je T'Aime, opera progettata dall'artista Frédéric Baron con la collaborazione di Claire Kito. È un muro di dieci metri per quattro in cui sono stati scritti 311 "ti amo" nelle lingue e nei dialetti del mondo, tra cui tutte quelle dei 192 stati membri dell'ONU.

Métro Bir-Hakeim

Questa fermata della metropolitana vi riserva due sorprese: il ponte omonimo, al piano strada, è una scenografia ideale per scattare delle fotografie tra

223

le colonne che lo sorreggono. E se fate il tragitto sulla linea 6 verso Passy (la più bella di Parigi) dal finestrino della metropolitana, che qui passa in superficie, vedrete spuntare la Tour Eiffel. Vale il viaggio più volte.

Métro Glacière

Bello l'ingresso tra le colonne sotto il ponte per entrare nella metropolitana.

Métro Lamarck-Caulaincourt

Un altro dei miei spot preferiti. L'ingresso della metropolitana si trova proprio al di sotto di questa bella scalinata che si affaccia sul tran-tran parigino e sulle tende a righe rosse e bianche dei locali della zona, come Le Refuge (72 rue Lamarck).

Musée d'Orsay

 1 rue de la Légion d'Honneur
www.musee-orsay.fr

Siete pronti ad attendere il vostro turno? Dal grande orologio del Musée d'Orsay è visibile un incantevole panorama su Parigi che comprende Montmartre con la Basilique de Sacré-Coeur, ma c'è sempre la fila.

Musée de la Vie Romantique

 16 rue Chaptal
www.museevieromantique.paris.fr/fr

Se la vostra passeggiata inizia o termina a Pigalle (siamo a due passi dal Moulin Rouge), fate una sosta qui, all'interno di un hôtel particulier che un tempo apparteneva al pittore Ary Scheffer. Qui sono stati ospitati Delacroix e Chopin, esponenti della scena romantica parigina e internazionale. Se non desiderate entrare nel museo o siete di fretta, potete comunque curiosare nel giardino.

Musée du quai Branly

 37 quai Branly

www.quaibranly.fr

Il giardino verticale che cresce sul muro esterno del museo può fare da ideale sfondo per i vostri scatti. A comporre questo giardino oltre quindicimila piante di oltre 150 specie provenienti da tutto il mondo.

Musée Jacquemart-André

 158 bd Haussmann

 www.musee-jacquemart-andre.com

Nel cuore della Parigi haussmaniana, nell'8°, ha sede in un hôtel particulier. Date uno sguardo dal piano superiore agli straordinari disegni geometrici al piano terra, tra le colonne e le piante dell'ingresso.

Musée Yves Saint Laurent

 5 av Marceau

www.museeyslparis.com

Niente di meglio di qualche scatto da portare a casa in questo museo che racconta la vita e la moda di questo iconico stilista e designer.

Odette Notre Dame

 77 rue Galande

www.odette-paris.com

È una delle pasticcerie più fotografate di Parigi perché sembra subito di essere trasportati in un'altra epoca. Ma la bellezza non finisce qui: giratevi e vedrete un bellissimo scorcio di Notre-Dame.

Opéra Garnier

 place de l'Opéra

www.operadeparis.fr

Qui ci vuole l'abbigliamento giusto, ma se siete organizzate non mancate una foto sulla lussuosa scalinata dell'Opéra Garnier. Un sogno.

Pagoda Paris

48 rue de Courcelles

www.pagodaparis.com

Potreste ingannare qualcuno, a farvi un selfie qui: si tratta infatti di una galleria d'arte all'interno di una vera e propria pagoda cinese nel 8° arrondissement. Viene chiamata anche Maison Loo dal nome del suo proprietario, Ching Tsai Loo, che la fece costruire nel 1926.

Palais Lavirotte

Al 29 di avenue Rapp nel 7° si trova questo incredibile edificio Art Nouveau. L'architetto che lo ha ideato tra il 1899 e il 1901 è Jules Lavirotte. Guardate la porta d'ingresso che sembra il volto di un extraterrestre.

Parc de Belleville

47 rue des Couronnes

Uno scatto interessante potete strapparlo dalla scalinata del parco, molto romantica.

Pigalle Basketball Court

 22 rue Duperré

Uno studio di design e un marchio di moda si sono uniti per creare questo coloratissimo campo da basket. Da non perdere.

Pink Mamma

 20 bis rue de Douai

 www.bigmammagroup.com

Ve l'ho già consigliato come locale italiano per mangiare una buona pizza. Ma è anche perfetto per qualche scatto indimenticabile grazie alle opere d'arte alle pareti, il grande lucernaio e la finestra all'ultimo piano tra i tetti di Pigalle.

Piscine Molitor

 13 rue Nungesser et Coli

www.mltr.fr

Vicino al Bois de Boulogne, tra lo stadio Roland Garros e il Parc des Princes, nel 16°, è una delle architetture più interessanti di Parigi. Potete vederla andando a pranzo nel ristorante.

Place Dauphine

Per me, forse la più bella piazza di Parigi insieme a place des Vosges, molto diversa. Qui non solo vi divertirete a veder giocare a pétanque, ma scatterete foto straordinarie.

Place de Furstenberg

Nel cuore del 6°, più che una piazza, è un incrocio di vie con al centro un lampione e alcuni alberi. Un posto da sogno, circondato da bellissime case.

Place Édouard VII

Ci vuole l'obiettivo fotografico giusto, ma in questa bella piazza circondata da edifici tutti nello stesso stile si possono realizzare scatti con una scenografia straordinaria.

Pont Alexandre III

Il ponte sulla Senna che collega il Grand Palais e il Petit Palais all'Hôtel des Invalides è forse il più bello della capitale ed è tutto uno spot per degli scatti da portare a casa come cartoline. Interessante sapere che la prima pietra è stata posata dallo zar Nicola II e poi il ponte fu inaugurato per l'Esposizione Universale del 1900. Fu il primo ponte a superare la Senna con un'unica campata. Date uno sguardo alle decorazioni in bronzo e in rame.

Pont des Arts

Chiamato anche Passerelle des Arts è un ponte pedonale di Parigi, altro bellissimo punto per le vostre fotografie. Attraversa la Senna tra l'Institut de France e la Cour Carrée del Louvre. È uno dei luoghi in cui vengono inseriti i lucchetti dell'amore: cosa che vi sconsiglio di fare perché stanno rischiando di rovinare i ponti della città.

Pyramide du Louvre

Qual è lo scorcio più bello per fotografare la piramide di uno dei musei più famosi del mondo? Andate al Colonnade de Perrault per avere un gioco prospettico molto interessante, grazie anche alle sagome delle persone che transitano.

Rue Crémieux

Se pensavate che le case color pastello si trovassero solo a Londra, ecco, vi siete sbagliate. Rue Crémieux, nel 12°, è stata realizzata nel 1857 e si chiamava avenue Millaurd. Poi fu dedicata a Adolphe Crémieux, che fece abolire la pena di morte. La corta via è chiusa al traffico e ogni casa di colore diverso presenta dei dipinti, dai glicini, ai gatti neri, fino ai trompe-l'œil di porticine o finestre. Al civico 8 potete leggere la targa che ricorda l'inondazione del 1910. Divertitevi con gli scatti, evitando di arrecare disturbo ai residenti.

Rue de Mouzaïa

Tra le abitazioni colorate nel Quartier d'Amérique spuntano le palme come se fossimo sulla Costa Azzurra. Pavées, piccole case, giardini, fiori, in particolare rose e rampicanti.

Rue des Thermopyles

È una gemma nascosta nel 14°: andateci in primavera quando la strada è invasa dalle cascate di glicini.

Rue du Chat-qui-Pêche

Nel 5° arrondissement, è considerata la più corta strada di Parigi: appena 29 metri di lunghezza e 1 metro e 80 centimetri di larghezza. Si trova tra quai Saint-Michel e rue de la Huchette. Altre due piccole strade parigine sono sentier des Merisiers nel 12° e Passage de la Duée nel 20°.

Rue Saint-Étienne-du-Mont

Nel quartiere della Sorbonne, sulla *rive gauche*, alla sommità della montagna Sainte-Geneviéve, una delle colline di Parigi, si trova rue Saint-Étienne-du-Mont, che prende il nome dall'omonima chiesa lungo la via. Fino al 1267 è stata conosciuta come rue du Moutier, ovvero del monastero. Bellissimo lo scorcio tra la chiesa e le case di fronte.

Sainte-Chapelle

 10 bd du Palais

www.sainte-chapelle.fr

Costruita su volere di Luigi IX per custodire la Corona di spine, un frammento della Vera Croce, si trova nell'Île de la Cité ed è uno straordinario esempio di architettura gotica.

Sexodrome

 23 bd de Clichy

www.sexodrome.fr

È una istituzione a Pigalle e scattare una foto qui (magari dopo aver fatto un giro nel love store) è senza dubbio un must.

Shakespeare and Company

☑ 37 rue de la Bûcherie

💻 www.shakespeareandcompany.com,
Ecco un altro luogo iconico della capitale francese: la libreria in inglese proprio di fronte a Notre-Dame, sulla *rive gauche*.

Square des Peupliers

☑ 68-72 de la rue du Moulin-des-Prés
Più che una piazzetta, è una piccola strada-villaggio pedonale in cui respirare un po' di tranquillità nel trambusto parigino. Da non perdere il foliage dei rampicanti sulle case nei mesi autunnali.

Square Édouard-Vaillant

☑ 48 av Gambetta
In questa piazza verde nel 20° arrondissement si trova una serra di vetro in stile liberty ideale per le vostre fotografie.

Tour de l'Horologe du Palais de la Cité

☑ bd du Palais
Su un lato della torre si trova il più antico orologio della capitale di Francia: risale al 1371.

Tour Eiffel

Quali sono le vedute migliori della Tour Eiffel? Queste sono alcune delle mie preferite: da avenue de Camoës, verso il parapetto proprio sopra la scalinata, la torre resta incorniciata tra due ali di edifici; da rue de Passy; da Le Recrutement Café (☑ 36 bd de la Tour-Maubourg) all'angolo con rue Saint-Dominique; da square Rapp; da rue de Monttessuy; dalla scalinata del Trocadéro; da rue de l'Université.

Vigneto di Montmartre

Sapete che l'ultimo vigneto nel cuore di Parigi si trova a Montmartre? Alle spalle della Basilique du Sacré-Coeur, in rue Cortot e in rue Saint-Vincent. Si tratta di una vigna ripiantata nel 1933, ma in realtà qui la collina coltivata a vigneto risale al Medioevo e sono coltivate uve di pinot noir e di gamay, che permettono la produzione di circa un migliaio di bottiglie. La festa della vendemmia è fissata per tradizione il secondo sabato di ottobre.

Fuori Parigi – Gite in giornata

Avete a disposizione un buon numero di giorni e desiderate dare uno sguardo anche fuori città? Non è il vostro primo viaggio a Parigi e avete voglia di una gita in giornata?

Ho scelto sei mete, di cui Giverny e Versailles a mio parere imperdibili, per trascorrere un giorno fuori Parigi.

Chartres

Non potete non aver mai sentito nominare la famosa **Cathédrale Notre-Dame di Chartres** (✅ 16 cloître Notre-Dame, 🖥 www.cathedrale-chartres. org), costruita in stile gotico all'inizio del XIII secolo sulle ceneri della cattedrale romanica bruciata in un incendio nel 1194. Il campanile vecchio svetta per 105 metri ed è la più alta torre campanaria romanica ancora in piedi, il campanile nuovo è alto 112 metri ed è visitabile, se vi sentite di salire 350 gradini. Tra le reliquie più preziose qui custodite c'è la Sainte Voile, il sacro velo, conservato dall'876. La tradizione vuole che sia stato quello indossato dalla Vergine durante il parto.

Ma a Chartres non c'è solo la cattedrale: tutta la cittadina vecchia risale al periodo medievale. Fate una passeggiata in rue de la Tannerie e rue de la Foulerie, dove si trovavano le vecchie concerie e le rogge. I cartelli turistici del centro vi indicheranno il circuit touristique da seguire per i siti più interessanti da visitare.

Come arrivare: Chartres dista circa 90 chilometri dalla capitale francese e si trova a sud ovest della città. Si può arrivare in treno, in poco più di un'ora di viaggio, con SNCF dalla Gare Montparnasse.

Fontainebleau

Si visita Fontainebleau in particolare per il suo **Château** (place Charles de Gaulle, www.chateaude-fontainebleau.fr) in stile rinascimentale e classico. Il castello è stata una delle dimore dei sovrani francesi, da Francesco I a Napoleone III. Dal 1862 fa parte dei monumenti storici di Francia e dal 1981 del patrimonio mondiale dell'Unesco.

All'interno dello Château de Fontainebleau si trovano i Grands Appartements – che comprendono i saloni delle meraviglie di questo palazzo, tra cui quelli dell'imperatrice Eugenia – e la Museo Napoleon 1er. Straordinari anche i giardini che comprendono il Jardin Français e il Jardin Anglais.

Come arrivare: l'elegante cittadina di Fontainebleau è circondata da una vasta foresta omonima che offre la possibilità di fare belle passeggiate nel verde ed è situata a circa 60 chilometri a sud-est di Parigi, sulla direttrice che conduce ai castelli della Loira e alle regioni Champagne e Borgogna. Per viaggiare in treno (circa 50 minuti), ci si deve recare alla Gare

233

de Lyon, in direzione Montargis Sens. Si scende alla stazione Fontainebleau-Avon. Da qui si sale sul bus linea A, direzione Les Lilas, fino alla fermata La poste-Château.

Giverny

Uno dei luoghi più romantici di Francia e non solo sono la **Maison et Jardins de Claude Monet** (✅ 84 rue Claude Monet, 💻 www.fondation-monet.com) a Giverny. Si tratta di un piccolissimo villaggio in cui i turisti si vedono solo da aprile a fine ottobre, ovvero nel periodo di apertura della casa del pittore impressionista. L'artista visse in questa casa per molto tempo, dal 1883 al 1926, anno della sua morte. Potrete visitare la casa rosa, che all'interno ha stanze di diversi colori: la cucina con le maioliche blu, la sala da pranzo giallo sole, il salotto azzurro. E poi il giardino che era curato personalmente da Monet, ma anche il famoso ponte giapponese e lo stagno con le ninfee. Sul sito ufficiale trovate anche un interessante calendario delle fioriture.

A Giverny – proprio in onore di Monet – si trova anche il **Musée des Impressionismes Giverny** (✅ 99 rue Claude Monet, 💻 www.mdig.fr), istituito con la collaborazione del Musée d'Orsay di Parigi. La prima domenica del mese l'ingresso è gratuito.

Come arrivare: il villaggio di Giverny si trova circa 60 chilometri a nord-ovest di Parigi, già nella regione della Normandia. Per raggiungerlo dalla capitale francese, si può salire su un treno alla Gare Saint Lazare in direzione Vernon. Il viaggio dura circa 45 minuti. Alla stazione di Vernon si può prendere la navetta a pagamento che lascia proprio di fronte alla casa di Monet.

Moret-sur-Loing

Se amate lo charme bucolico di alcuni villaggi di Francia, a poco più di un'ora di strada da Parigi, nella Seine et Marne e quasi al confine con la foresta di Fontainebleau, si trova la cittadina medievale di **Moret-sur-Loing**. In un paio d'ore visiterete il villaggio, per una perfetta gita fuori porta da Parigi. E vi potrete godere questo museo a cielo aperto. Se passate all'Ufficio del Turismo (☑ 4 bis place de Samois, 🖳 www.msl-tourisme.fr), potete farvi dare gratuitamente la mappa con il percorso dei point de vue dell'artista Alfred Sisley che ha vissuto qui fino alla sua morte. La vista più romantica è quella che si affaccia su Le Loing, l'affluente della Senna, dove potete anche organizzare un picnic. Assaggiate le Sucre d'Orge, le caramelle confezionate dai frati Benedettini e la cui ricetta è la stessa da trecento anni.

Come arrivare: il villaggio di Moret-sur-Loing si trova a sud-est di Parigi. Per arrivare si sale sul treno della linea R dalla Gare de Lyon, direzione Montargis, e si scende alla fermata di Moret-Veneux Les Sablons. Da qui con una passeggiata di venti minuti lungo l'Avenue de Fontainebleau si arriva a Moret-sur-Loing.

Parc de Sceaux

Siete già stati a Versailles, amate i castelli e le passeggiate all'aria aperta, meglio ancora se in deliziosi giardini? La meta che fa per voi è il **Parc de Sceaux** (🖳 www.domaine-de-sceaux.hauts-de-seine.fr) con il suo immenso parco del XVII secolo, uno degli esempi più belli di giardino alla francese, da ammirare a seconda dei cambiamenti della natura nei diversi periodi dell'anno. Tra marzo e aprile, in base alla fioritura dei ciliegi giapponesi, si festeggia l'*hanami*. All'interno della tenuta si trova il castello, che ospita le collezioni permanenti del **Musée du Domaine départemental de Sceaux**, dedicato all'art de vivre francese con una bella raccolta di dipinti, stampe, arredamento, opere d'arte. Oltre al castello ci sono altri edifici interessanti nel parco, come il Pavillon de l'Aurore, l'Orangerie, il Pavillon de Hanovre e il Petit Château, l'edificio più antico tra tutti.

Come arrivare: il parco è aperto tutti i giorni, tutto l'anno. Chiusura alle 17.00 d'inverno e alle 18.30 dalla primavera all'autunno. Il Parc de Sceaux si trova a dieci chilometri dal centro di Parigi. Si può raggiungere con la RER B, arrivo alla stazione di Bourg-la-Reine, Sceaux o Parc de Sceaux.

Versailles

La Reggia di Versailles comprende lo **Châteu** (☑ place d'Armes, 🖳 www.chateauversailles.fr), con la Galleria degli Specchi, lunga 75 metri e con 17 specchi su una parete e 17 finestre sulla parete opposta, gli appartamenti della regina e del re, i **giardini** con il Viale Reale e le fontane Bassin de Neptune e Bassin d'Apollon, poi i canali (Grand Canal e Petit Canal), i palazzi del **Trianon** (Grand Trianon e Petit Trianon) e l'**Hameau de la Reine**, un borgo di casette di paglia realizzato nel 1784 in cui la regina Maria Antonietta giocava a impersonare la contadina.

Il complesso di Versailles è sterminato, per cui il consiglio è quello di noleggiare un'auto elettrica per quattro persone o spostarsi con la navetta (🖳 www.train-versailles.com). Potete anche scegliere di noleggiare una bicicletta. Per gli specchi d'acqua può essere romantico noleggiare una barca a remi per trenta minuti o un'ora (🖳 www.versailles-tourisme.com).

Come arrivare: la modalità più pratica per raggiungere Versailles dalla capitale francese è con il treno RER linea C. Le stazioni di arrivo sono Versailles Château Rive Gauche o Versailles-Chantiers. L'ultimo tratto si fa a piedi. Si può anche andare a Versailles con il treno SNCF partendo da gare Montparnasse e scendendo a Versailles-Chantiers. Partendo, invece, da gare Saint Lazare la stazione di arrivo è Versailles Rive Droite. Si cammina per circa 20 minuti sino alla reggia.

La linea 171 dei bus di Parigi porta a Versailles: la partenza è a Pont De Sèvres con fermata a Versailles-Place d'Armes (di fronte alla reggia).

Indice dei luoghi